# COLLINS

# BELFAST
## STREETFINDER COLOUR ATLAS

## CONTENTS

| | |
|---|---|
| Tourist & Travel Information | 2 |
| Key to Map Symbols | 3 |
| Key to Map Pages | 4-5 |
| Route Planning Map | 6-7 |
| Main Belfast Maps | 8-29 |
| Central Belfast Map | 30-31 |
| Index to Street Names | 32-47 |
| Index to Place Names | 48 |

HarperCollins*Publishers*

# TOURIST AND TRAVEL INFORMATION

## TOURIST INFORMATION CENTRES

St Anne's Court, 59 North Street, Belfast, BT1 1NB    *(00 44 28)* **028** 9024 6609

City Hall, Belfast    *(00 44 28)* **028** 9032 0202

City Airport, Sydenham Bypass, Belfast, BT3 9JH    *(00 44 28)* **028** 9045 7745

International Airport, Belfast, BT29 4AB    *(00 44 28)* **028** 9422 2888

## AIRPORT INFORMATION

Belfast City Airport    *(00 44 28)* **028** 9045 7745
Belfast International Airport    *(00 44 28)* **028** 9442 2888

## FERRY INFORMATION

**SEACAT SCOTLAND**    *1800 551743* or **08705 523523**
Belfast to Heysham (summer only)
Belfast to Troon (summer only)
Belfast to Stranraer

**STENA LINE**    *(00 44 990)* **0990** 707070
Belfast to Stranraer

**NORSE IRISH FERRIES**    *(00 44 151)* **0151** 944 1010
Belfast to Liverpool

**ISLE OF MAN STEAM PACKET CO.**    *(00 44 990)* **0990** 523523
Belfast to Douglas (summer only)

**NOTE:** If phoning from U.K. and Northern Ireland use bold prefix, if phoning from Republic of Ireland use italic prefix.

# KEY TO MAP SYMBOLS

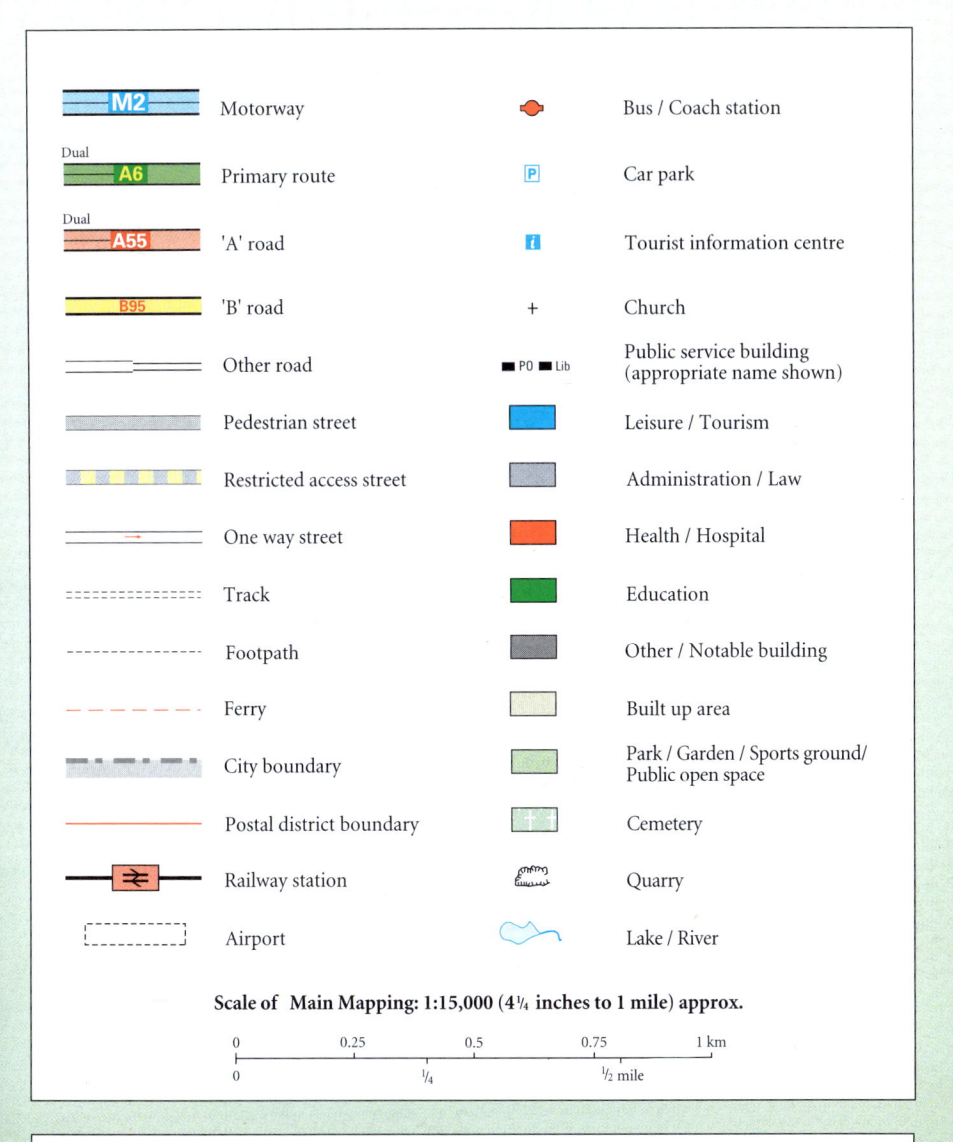

|  |  |  |  |
|---|---|---|---|
| M2 | Motorway | | Bus / Coach station |
| Dual A6 | Primary route | P | Car park |
| Dual A55 | 'A' road | i | Tourist information centre |
| B95 | 'B' road | + | Church |
| | Other road | PO  Lib | Public service building (appropriate name shown) |
| | Pedestrian street | | Leisure / Tourism |
| | Restricted access street | | Administration / Law |
| | One way street | | Health / Hospital |
| | Track | | Education |
| | Footpath | | Other / Notable building |
| | Ferry | | Built up area |
| | City boundary | | Park / Garden / Sports ground / Public open space |
| | Postal district boundary | | Cemetery |
| | Railway station | | Quarry |
| | Airport | | Lake / River |

**Scale of Main Mapping: 1:15,000 (4¼ inches to 1 mile) approx.**

```
0        0.25       0.5       0.75       1 km
0                    ¼                    ½ mile
```

---

Published by Collins
An imprint of HarperCollins*Publishers*
77–85 Fulham Palace Road, Hammersmith, London W6 8JB

The HarperCollins website address is: www.fireandwater.com

Copyright © HarperCollins*Publishers* Ltd 1999
Mapping © Bartholomew Ltd 1999

Collins® is a registered trade mark of HarperCollins*Publishers* Limited

Based upon the Ordnance Survey Map with the permission of The Controller of Her Majesty's Stationery Office Permit number 1633

All rights reserved. No part of this publication may be reproduced, stored in a retrieval system, or transmitted, in any form or by any means, electronic, mechanical, photocopying, recording or otherwise without the prior written permission of the publisher and copyright owners. The contents of this publication are believed correct at the time of printing. Nevertheless, the publisher can accept no responsibility for errors or omissions, changes in the detail given, or for any expense or loss thereby caused. The representation of a road, track or footpath is no evidence of a right of way.

Printed in Italy        ISBN 0 00 448859 8        MI10204        BNN

e-mail: roadcheck@harpercollins.co.uk

# KEY TO MAP PAGES

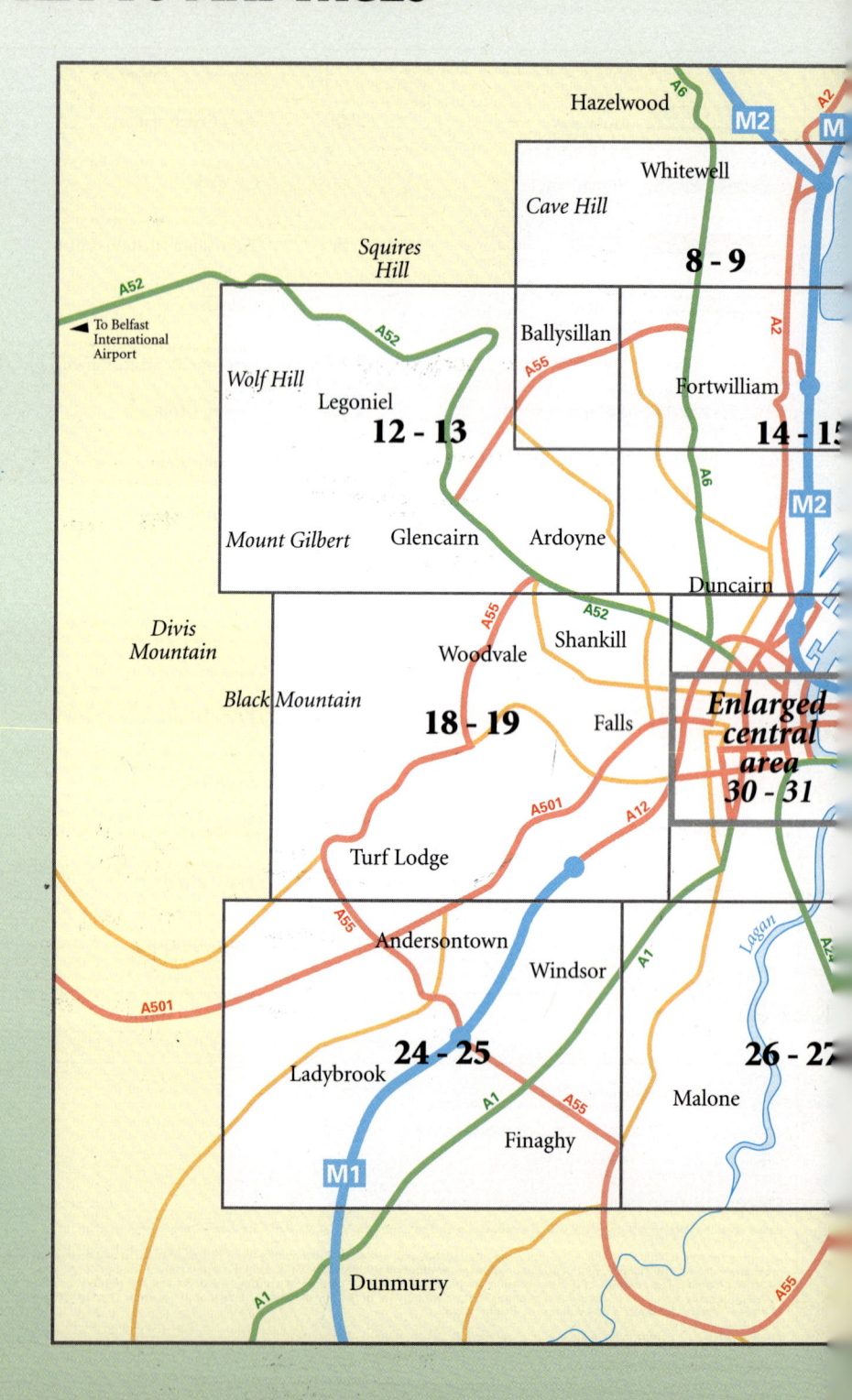

# 5

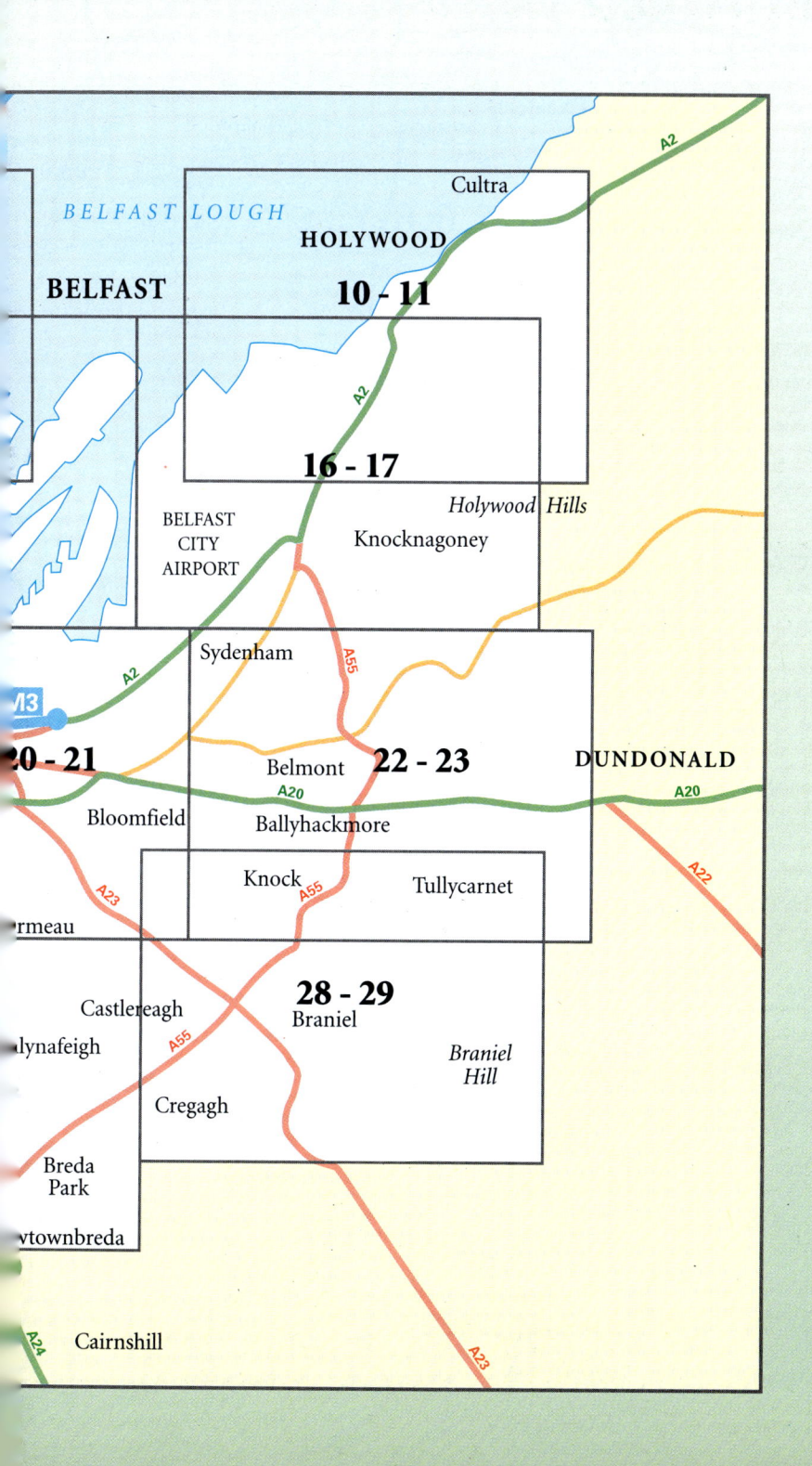

BELFAST LOUGH

Cultra

**BELFAST**

**HOLYWOOD**
**10 - 11**

**16 - 17**

BELFAST CITY AIRPORT

Holywood Hills
Knocknagoney

Sydenham

Belmont **22 - 23** **DUNDONALD**

Bloomfield  Ballyhackmore

Knock  Tullycarnet

rmeau

Castlereagh

lynafeigh

**28 - 29**
Braniel

Cregagh

Braniel Hill

Breda Park

vtownbreda

Cairnshill

City of Derry
Limavady
Aghanloo
Bolea
Crossgare
Balnamore
Ballymoney
Pharis
Ballykelly
Eglinton
Ardmore
Ringsend
Agivey
Roe Valley
Glenhead
Moys
Drumsurn
Museum
Garvagh
Vow
Finvoy
Dunloy
Killagan
Clogh
Burnfoot
Moneydig
Kilrea
Rasharkin
Glarryford
Ervey Cross Roads
Ness
LONDONDERRY
Dungiven
Boviel
Claudy
Swatragh
Lislea
Craigs
Lisrodden
Cullybackey
Tamlaght
Ballymena
Feeny
Upperlands
Clady
Portglenone
Ballyneaner
Glenshane Pass
Park
Mullaghmore
Maghera
Ahoghill
Carnanreagh
Craig
Sawel Mt
683
Mullaghcloga
636
Lisnamuck
Gulladuff
Tobermore
Bellaghy
New Ferry
Sperrin Mountains
Moneyneany
Moyola
Lough Beg
Draperstown
Curran
Castledawson
Moneyglass
Cranagh
Mount Hamilton
Sperrin Heritage Centre
Desertmartin
Toomebridge
Randalstown
Plumbridge
The Six Towns
Magherafelt
Scotch Town
Slieve Gallion
528
Broughderg
Davagh Forest Park
Staffordstown
Rousky
Ballyronan
Gortin
Boorin
Glenhull
Lissan
The Loup
Greencastle
Moneymore
Costume Museum
Mullaghcarn
542
Dunnamore
Ballinderry
Lough Neagh
Mountfield
Coagh
Newport Trench
Ardboe Cross
Creggan
Cookstown
Aldergrove
Gortin Glen Forest Park
Kildress
Drum Manor Forest Park
Milltown
Tullyhogue
Drumnakilly
Carrickmore
The Diamond
Camowen
Pomeroy
The Rock
Stewartstown
TYRONE
Gortavoy Bridge
Industrial Museum
Mountjoy
Sixmilecross
Carland
Coalisland
Beragh
Donaghmore
Aughamullan
Cappagh
Gortaclare
Castlecaufield
Maghery
Derrytrasna
Aghagallon
Seskinore
Dungannon
Peatlands Park
Garvaghy
313
Moygashel
Eskragh
Ballymackilroy
Parkanaur Forest Park
The Argory
Lurgan
Ballygawley
Eglish
Moy
Ardress House
Augher
Carnteel
Charlemont
Portadown
Aughnacloy
Benburb
Loughgall
Clogher
Crilly
Blackwatertown
Dyan
Ballyleny
Richhill
Gilford
Museum
Blackwater
County Museum
Planetarium
Tandragee
Mullan
Caledon
Navan Fort
Armagh
Hamilton's Bawn
Emyvale
Killylea
Slieve Beagh
372
Tynan Cross
Glaslough
Tynan
Milford
Scalva
Gosford Forest Park
Poyntz Pass
Tydavnet
Middletown
Markethill
ARMAGH
Eshnadarragh
Tyholland
Scotstown
Mount Norris
Monaghan (Muineachán)
Keady
Tassagh
Whitecross
Rosslea
County Museum
Darkley
Bessbrook
Smithborough
A2
A6
A26
A29
A31
A505
A53
A54
A42
A4
A5
A28
A45
A3
A27
A51
A50
A76
M1
M12
N2
N12
N54
B66
B70
B64
B62
B75
B96
B74
B49
B44
B40
B47
B42
B18
B160
B181
B162
B46
B4
B158
B520
B161
B43
B45
B106
B131
B35
B130
B128
B83
B115
B77
B78
B111
B110
B185
R186
R187
R213
B132
B134
B133
B31
B3
B32
B168
B68
B69
B118
B192
B190
B186
B207
B16
B94
B93
B182
B52
B93
B196
B2
B156
B28
B114
B10
B5
B34

# ROUTE PLANNING MAP

7

Scale 1:440,000 (7 miles to 1 inch approx.)

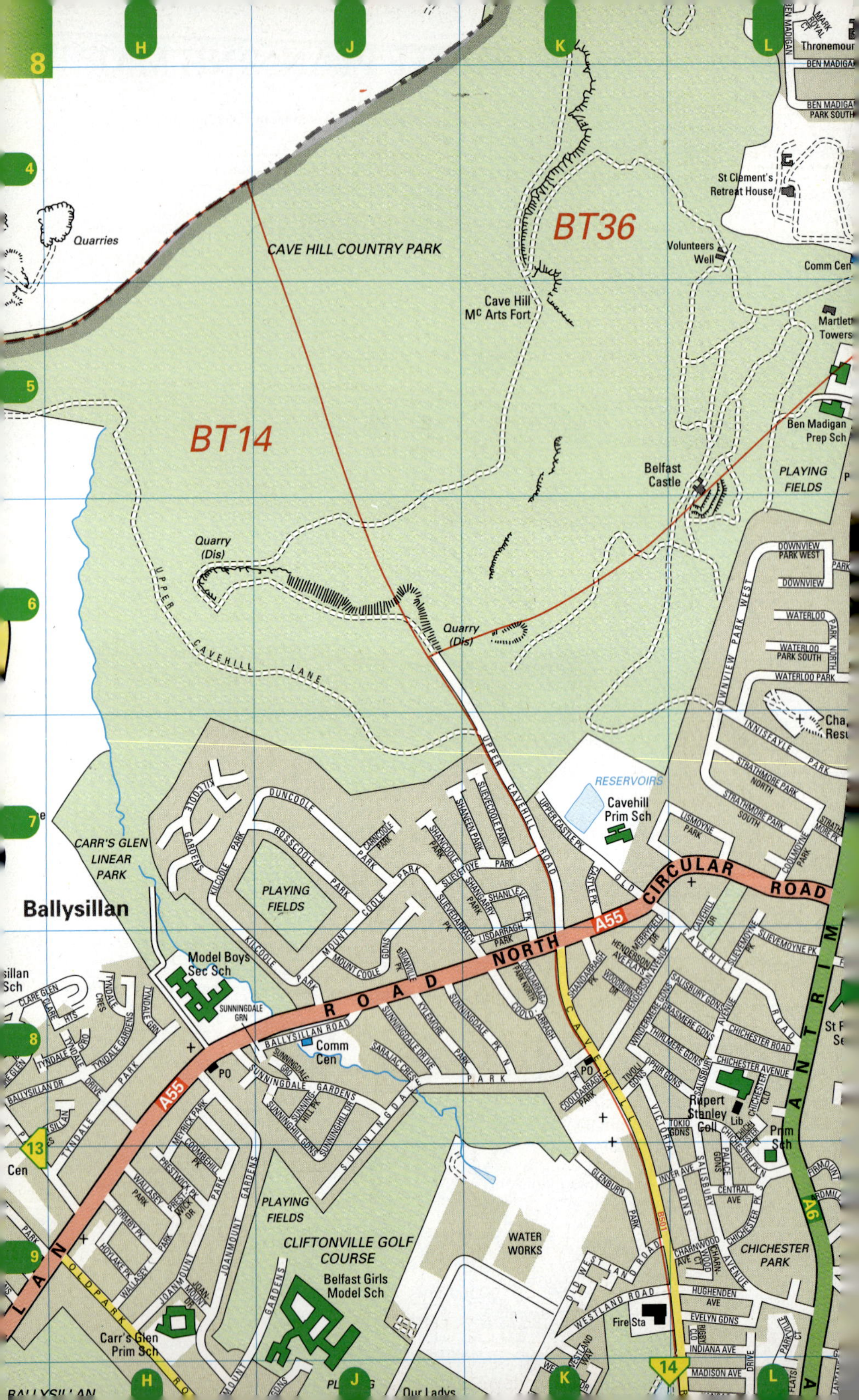
H
J
K
L
4
5
6
7
8
9
13
14
Thronemount
BEN MADIGAN PARK SOUTH
St Clement's Retreat House
Quarries
CAVE HILL COUNTRY PARK
BT36
Volunteers Well
Comm Cen
Cave Hill Mc Arts Fort
Martlett Towers
BT14
Ben Madigan Prep Sch
Belfast Castle
PLAYING FIELDS
Quarry (Dis)
UPPER CAVEHILL LANE
DOWNVIEW PARK WEST
DOWNVIEW
WATERLOO PARK
WATERLOO PARK SOUTH
WATERLOO PARK NORTH
DOWNVIEW PARK
INNISFAYLE PARK
STRATHMORE PARK NORTH
STRATHMORE PARK SOUTH
RESERVOIRS
Cavehill Prim Sch
UPPER CAVEHILL ROAD
UPPER CASTLE PK
LISMOYNE PARK
COOLMOYNE PARK
KILCOOLE GARDENS
DUNCOOLE PARK
ROSSCOOLE PARK
CARNCOOLE PARK
SLIEVECOOLE PARK
SHANEEN PARK
SHANCOOLE PARK
SLIEVETOYE PARK
SHANGARRY PARK
SHANLIEVE PK
SLIEVEDARRAGH PK
LISDARRAGH PARK
CARR'S GLEN LINEAR PARK
PLAYING FIELDS
KILCOOLE PARK
MOUNT COOLE PARK
MOUNT COOLE GDNS
BRAMBLE PK
CIRCULAR ROAD
A55
Ballysillan
NORTH ROAD
Model Boys Sec Sch
SUNNINGDALE GRN
CASTLE PK
OLD
HENDERSON AVE FLATS
HENDERSON AVENUE
MERRYFIELD DR
CAVEHILL DR
SLIEVEMOYNE PARK
SLIEVEMOYNE PK
SALISBURY GDNS
GRASMERE GDNS
WINDERMERE GDNS
THIRLMERE GDNS
CHICHESTER ROAD
CHICHESTER AVENUE
COOLDARRAGH PARK NORTH
COOLDARRAGH
SHANDARRAGH PK
WOODLAND DR
Ballysillan Sch
CLARE GLEN
CLARE HTS
TYNDALE CRES
TYNDALE GRN
TYNDALE GROVE
TYNDALE GARDENS
TYNDALE DRIVE
BALLYSILLAN DR
BALLYSILLAN ROAD
Comm Cen
PO
SUNNINGDALE GRO
SUNNINGDALE GARDENS
SUNNINGDALE DRIVE
SUNNINGDALE PARK
SUNNINGDALE PK
SUNNINGHILL PK
SUNNINGHILL DR
SUNNINGHILL GDNS
SARAJAC CRES
KYLEMORE PARK
COOLDARRAGH PARK
CAVEHILL ROAD
B501
TIVOLI GDNS
OPHIR GDNS
SALISBURY AVENUE
Rupert Stanley Coll
Lib
CHICHESTER CLO
CHICHESTER PARK N
Prim Sch
ANTRIM ROAD
A6
St Sch
PARK
Cen
MEYRICK PARK
COOMBEHILL PK
PRESTWICK PK
PRESTWICK DR
WALLASEY PARK
FORMBY PK
HOYLAKE PK
JOANMOUNT GARDENS
JOANMOUNT PARK
PLAYING FIELDS
CLIFTONVILLE GOLF COURSE
Belfast Girls Model Sch
WATER WORKS
GLENBURN PARK
TOKIO GDNS
VICTORIA GDNS
INVER AVE
SALISBURY GDNS
PALACE GDNS
CENTRAL AVE
CHICHESTER PK S
CHARNWOOD AVE
CHARNWOOD CT
KHARTOUM AVENUE
CHICHESTER PARK
WESTLAND ROAD
OLD WESTLAND ROAD
WESTLAND WAY
HUGHENDEN AVE
EVELYN GDNS
INDIANA AVE
MADISON AVE
RIGBY CLO
PARKVILLE CT
DRIVE
FLATS
Fire Sta
Carr's Glen Prim Sch
OLDPARK ROAD
BALLYSILLAN
Our Ladys
PLAYING FIELDS

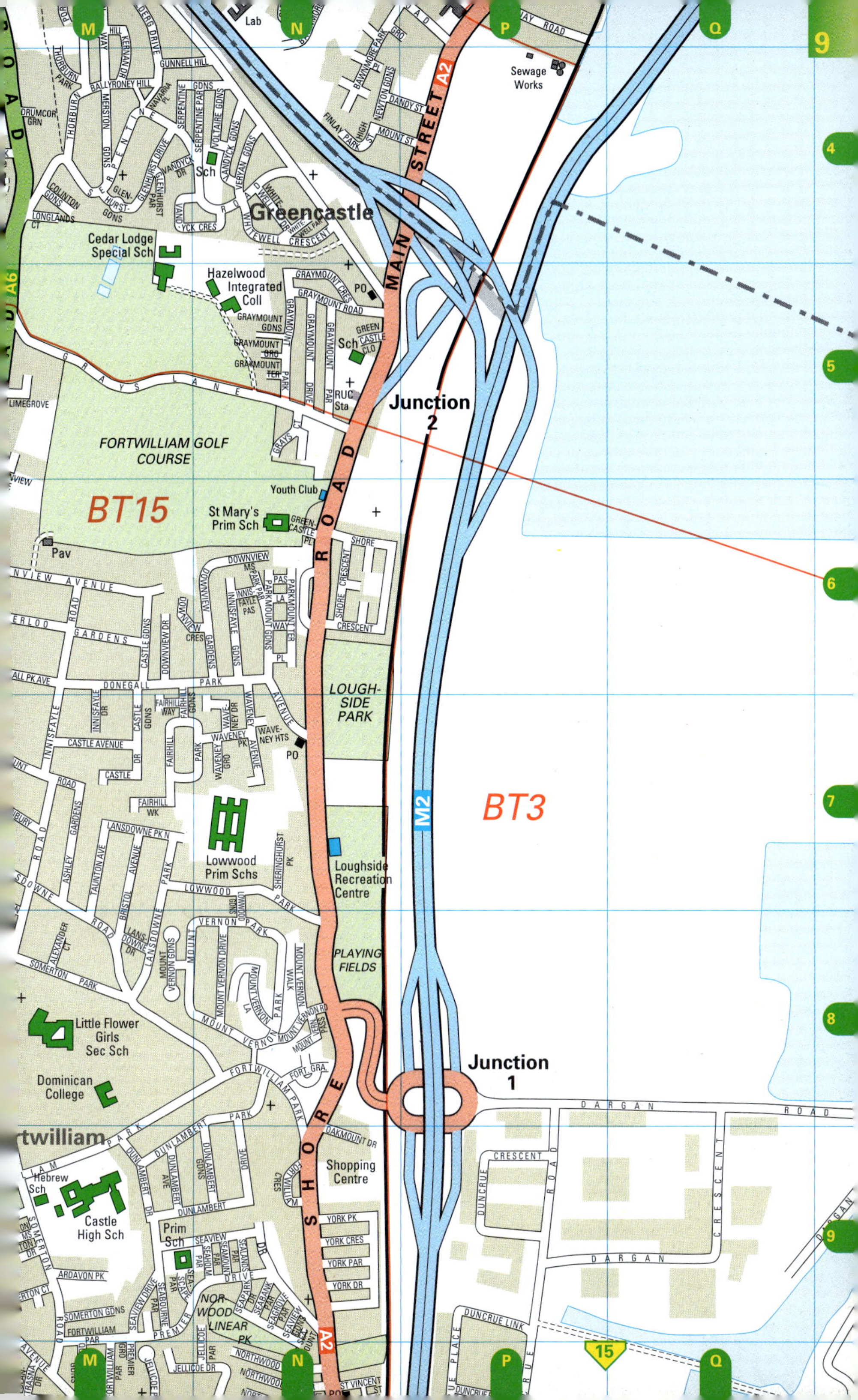

GARMOYLE

BT3

Jetty

JETTY ROAD

WEST AIRPORT ROAD

WESTBANK ROAD

HERON AVE

HERON ROAD

WORKS

A2

Y
Z
AA
BB
4
5
6
7
8
9
17
HOLYWOOD
Landing Stage
HOLYWOOD
Tudor Park
BT18
CLANBRASSIL TERRACE
CLANBRASSIL
FARMHILL
Inverlough
Marino House
OLD QUAY
THE CLOSE
THE PRIORY
Benedar
SEAPARK ROAD
BALLYMENOCH PARK
SEAPARK REC GRD
SEAPARK MS
SEAPARK AVE
SEAPARK TER
MARINO PARK
RICHDALE DRIVE
STATION ROAD
OLD QUAY CT
BEECHWOOD
BANGOR
A2
BALLYMENOCH PARK
PRIORY PARK
PRIORY AVE
BANGOR ROAD
TUDOR OAKS
CROFTON GLEN
CROFT ROAD
CROFT GDNS
CROFT BURN
CROFT MANOR
CROFT MEADOWS
WOODLANDS
MARINE PARADE
SHORE STREET
STRAND MEWS
PO
THE CRESCENT
SULLIVAN ST
MARTELLO TER
VICTORIA
BROOK ST
HIGH STREET
B198
REDBURN SQ
HIBERNIA ST
SULLIVAN PL
SULLIVAN CL
Fire Sta
Lib
CHURCH VIEW
CHURCH MEWS
CHURCH HILL
CHURCH ROAD
BIRCH DRIVE
SPENCER STREET
TWISELSIDE
CHURCH AVENUE
Sch
Marmion
ROAD
CLAREMONT ROAD
ARDMORE PK
ARDMORE TER
ELIZABETH RD
HAMPTON CT
ARDMORE AVE
GLENVIEW
GLENLYON PARK
EDINBURGH AVE
THE ESPLANADE
BYRON MS
THE KINNEGAR
KINNEGAR ROAD
KINNEGAR CT
KINNEGAR DRIVE
PAVILIONS PK
KINNEGAR AVE
CLAREHILL MEWS
BYPASS
RUC Sta
ST HELENS CT
DOWNSHIRE ROAD
TREVOR ST
PARK DRIVE
DOWNSHIRE PL
PARK AVENUE
HILLVIEW PL
DEMESNE ROAD
WINDSOR AVE
DEMESNE MANOR
Prim Sch
SPAFIELD PLAYING FIELDS
Holywood High Sch
MY LADYS MILE
CRAIGTARA
NORWOOD LA
ARDLEE AVENUE
LEMONFIELD AVE
DEMESNE CLOSE
DEMESNE GROVE
DEMESNE AVE
DEMESNE PARK
St Valentine's
CHURCH ROAD
THE SPIRES
KERR PARK
Sacred Heart of Mary Convent
ALEXANDRA PARK
LYNWOOD PK
INVER PK
Quarry (Dis)
HOLYWOOD
STRATHEARN COURT
ABBEY RING
NORTH CL
WEST LINK
CARNEND
Sullivan Upper School
WEST GREEN
AVENUE
PRIORY END
PO
LINK
BEECH END
EAST
THE GROVE
WOOD END
ABBOTS WOOD
PINE CREST
Winshill
HOLYWOOD GOLF COURSE
BELFAST ROAD
JACKSONS ROAD
OAKLEY
THE GREEN
ABBEY RING
SOUTH CL
ARDNAGREENA GDNS
LOUGHVIEW AVE
NUN'S WALK
DEMESNE
HOLYWOOD GOLF COURSE
Holywoodhill House
RESERVOI
Redburn Prim Sch
PLAYING FIELD
Ardtullagh
Club House
CLARE HILL LA
FIRMOUNT CRESCENT
GROVE
PALACE
FIRMOUNT CT
CEMETERY
OLD HOLYWOOD ROAD
MOSS ROAD
Maryfield
Redburn
REDBURN COUNTRY PARK

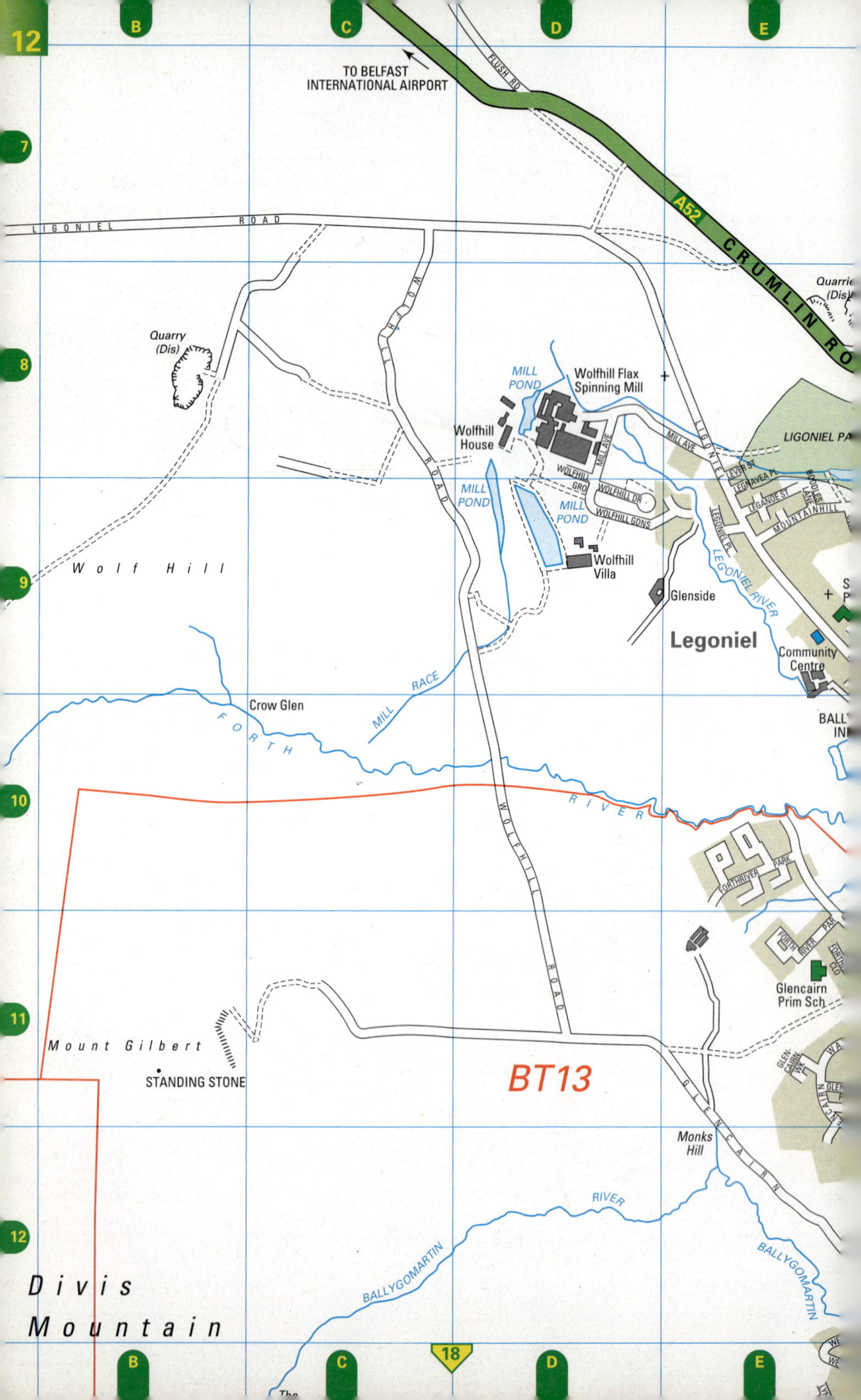
B
C
D
E
7
8
9
10
11
12
TO BELFAST
INTERNATIONAL AIRPORT
FLUSH RD
A52
CRUMLIN RO
LIGONIEL
ROAD
Quarrie (Dis)
Quarry (Dis)
WOLFHILL
ROAD
MILL POND
Wolfhill Flax Spinning Mill
Wolfhill House
MILL AVE
LIGONIEL
LIGONIEL PA
LEVER ST
LEGNAVEA PL
LEGANOE ST
BOODLES LANE
MOUNTAINHILL
WOLFHILL GRO
WOLFHILL DR
WOLFHILL GDNS
MILL POND
MILL POND
Wolfhill Villa
LEGONIEL PL
LEGONIEL RIVER
Glenside
Legoniel
Community Centre
Wolf Hill
MILL RACE
Crow Glen
FORTH
RIVER
WOLFHILL
ROAD
FORTHRIVER
PARK
FORTH RIVER PAR
FORTH CLO
Glencairn Prim Sch
Mount Gilbert
STANDING STONE
BT13
GLEN-CAIRN WK
GLENCAIRN
Monks Hill
RIVER
BALLYGOMARTIN
BALLYGOMARTIN
Divis Mountain
18
B
C
D
E

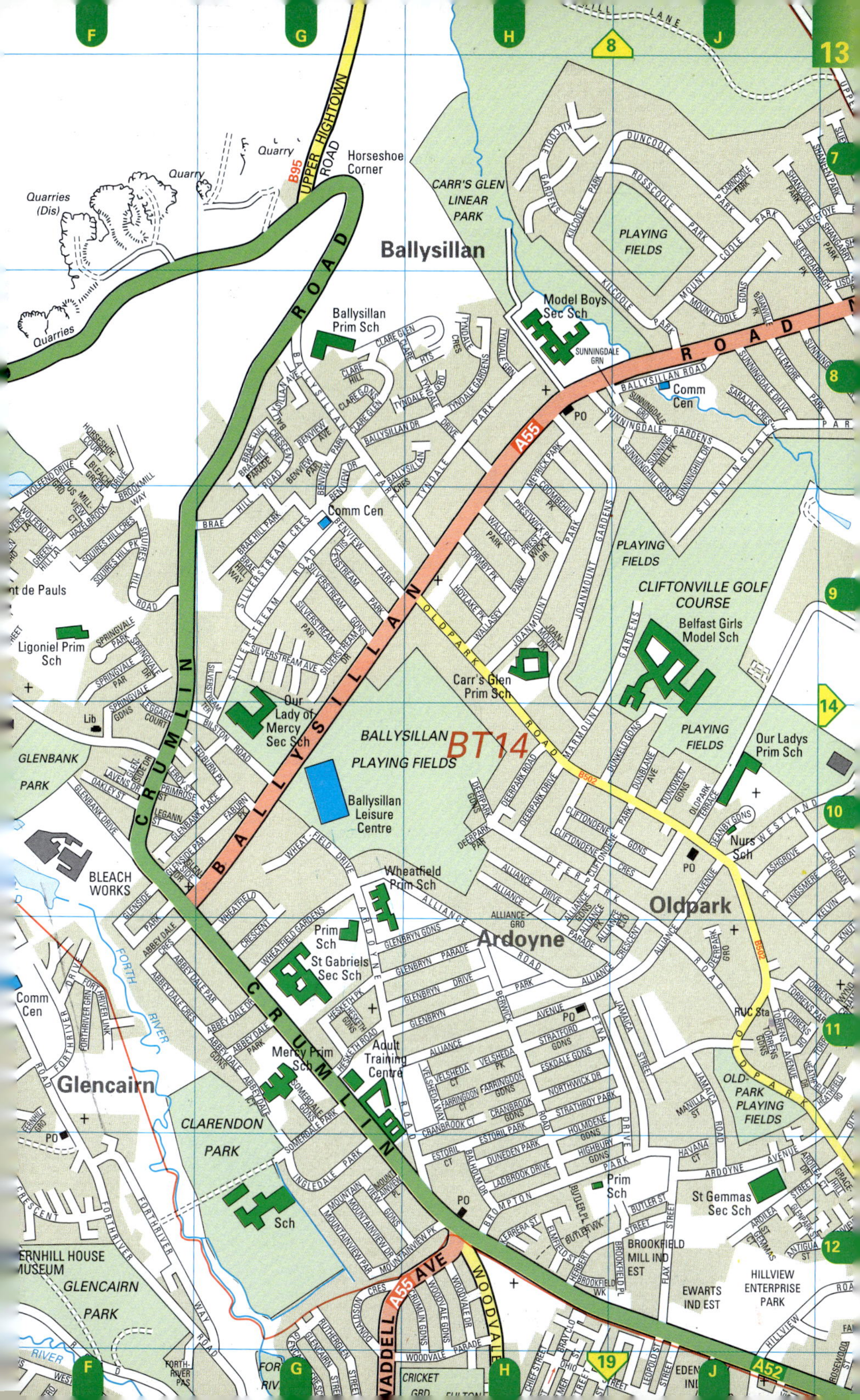
F
G
H
J
8
7
9
14
10
11
12
19
A55
A52
B95
B502
BT14
Ballysillan
Oldpark
Ardoyne
Glencairn
Horseshoe Corner
Quarry
Quarries (Dis)
Quarries
CARR'S GLEN LINEAR PARK
UPPER HIGHTOWN ROAD
CRUMLIN ROAD
BALLYSILLAN ROAD
OLDPARK ROAD
WOODVALE
WADDELL AVE
Ballysillan Prim Sch
Model Boys Sec Sch
PLAYING FIELDS
Comm Cen
PO
CLIFTONVILLE GOLF COURSE
Belfast Girls Model Sch
Carr's Glen Prim Sch
Our Lady of Mercy Sec Sch
BALLYSILLAN PLAYING FIELDS
Ballysillan Leisure Centre
Our Ladys Prim Sch
Nurs Sch
Wheatfield Prim Sch
Prim Sch
St Gabriels Sec Sch
Adult Training Centre
Mercy Prim Sch
RUC Sta
OLD-PARK PLAYING FIELDS
St Gemmas Sec Sch
BROOKFIELD MILL IND EST
EWARTS IND EST
HILLVIEW ENTERPRISE PARK
CLARENDON PARK
Sch
FERNHILL HOUSE MUSEUM
GLENCAIRN PARK
GLENBANK PARK
BLEACH WORKS
Ligoniel Prim Sch
Lib
FORTH RIVER
CRICKET GRD
KILCOOLE PARK
DUNCOOLE PARK
ROSSCOOLE PARK
MOUNT COOLE PARK
SUNNINGDALE PARK
TYNDALE GARDENS
JOANMOUNT GARDENS
SILVERSTREAM ROAD
DEERPARK ROAD
ALLIANCE AVENUE
GLENBRYN PARK
JAMAICA STREET
ARDOYNE AVENUE
HILLVIEW ROAD

K
L
M
N
8
7
8
9
10
11
12
13
20
BT14
BT15
Fortwilliam
Cliftonville
NORTH CIRCULAR ROAD
A55
ANTRIM ROAD
A6
YORK ROAD
SHORE ROAD
A2
CAVEHILL ROAD
B501
LIMESTONE ROAD
B126
QUEEN STREET
ALEXANDRA PARK AVE
FORTWILLIAM PARK
SKEGONEILL AVENUE
DONEGALL PARK AVE
LOUGH-SIDE PARK
Loughside Recreation Centre
PLAYING FIELDS
Shopping Centre
RESERVOIRS
Cavehill Prim Sch
Chapel of the Resurrection
Lowwood Prim Schs
St Patrick's Sec Sch
Little Flower Girls Sec Sch
Dominican College
Rupert Stanley Coll
Lib
Prim Sch
Hebrew Sch
Castle High Sch
Hosp
CHICHESTER PARK
WATER WORKS
Fire Sta
Ladys Sch
NORWOOD LINEAR PK
FOOTBALL GROUND
THE GROVE
PLAYING FIELDS
Youth & Comm Cen
Clinic
DUNMORE STADIUM
RUC Sta
FOOTBALL GROUND
QUEEN MARY'S GDNS
ALEXANDRA PARK
MILE WATER
Grove Prim Sch
Baths
Cliftonville Prim Sch
Sacred Heart Prim Sch
Monastery
Sch
Mountcollyer Coll & Currie Prim Sch
Belfast Royal Academy
Coll
JENNYMOUNT IND EST
Comm Cen
PO

# Belfast Map — BT3 / Skegoneill area

**Roads and Junctions:**
- M2
- Junction 1
- Dargan Road
- Dargan Crescent
- Duncrue Crescent
- Duncrue Road
- Duncrue Place
- Duncrue Link
- Duncrue Passage
- Duncrue Street
- Dargan Drive
- Foreshore Road
- West Bank Road
- West Bank Drive
- West Bank Close
- Seal Road
- Herdman Channel Road
- Northern Road
- Sinclair Road
- Stormont Road
- McCaughey Road
- Milewater Road
- Spencer Road
- Watkins Road
- Queens Road
- Harland Road
- Workman Road
- East Twin Road
- Wolff Road
- Victoria Wharf

**Areas / Features:**
- Skegoneill
- Sewage Works
- Reservoir
- Herdman Channel
- West Twin Island
- East Twin Island
- Victoria Channel
- Musgrave Channel
- Pollock Basin
- Pollock Dock
- Milewater Basin
- Spencer Dock
- York Dock
- Belfast Quay
- Stranraer Ferry Terminal
- Liverpool Ferry Terminal
- Alexandra Jetty
- Alexandra Wharf
- Alexandra Dry Dock
- Clarence Wharf
- Thompson Dry Dock
- Thompson Wharf
- Thompson Wharf
- Stormont Wharf
- Sinclair Wharf
- Gotto Wharf
- Belfast Dry Dock
- Landing Stage
- Fire Sta

**BT3**

**Grid references:** P, Q, R, S, 9, 15, 7, 8, 9, 16, 10, 11, 12, 21

BT3

WORKS

Jetty

Liverpool
Ferry Terminal

GARMOYLE

WEST BANK ROAD

HERON AVE

HERON ROAD

AIRPORT ROAD WEST

JETTY ROAD

BELFAST CITY
AIRPORT

THE
TILLYSBURN
URBAN
WILDLIFE
RESERVE

TILLYSBURN
PARK
SYDENHAM
PLAYING FIELDS

FOOTBALL
GRD

AIRCRAFT
PARK

Joss Cardwell
Centre

HOLYWOOD

A55

Landing
Jetty

Bathing
Pool

AVE CHANNEL

T BANK

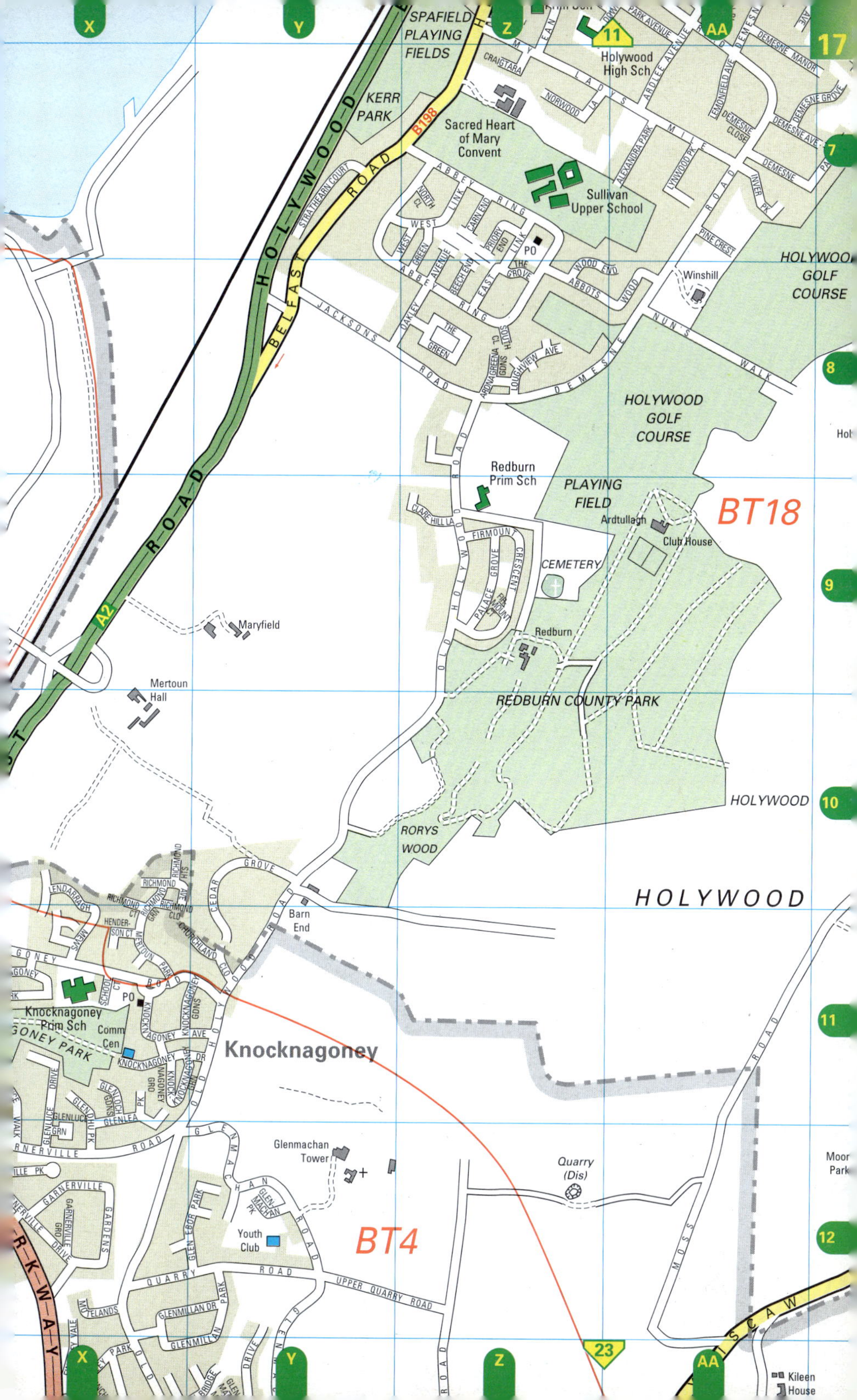
X
Y
Z
AA
7
8
9
10
11
12
11
23
SPAFIELD PLAYING FIELDS
KERR PARK
HOLYWOOD ROAD
A2
B198
BELFAST ROAD
STRATHEARN COURT
Holywood High Sch
CRAIGTARA
NORWOOD
PARK AVENUE
ARDLEE AVENUE
LEMONFIELD AVE
DEMESNE CLOSE
DEMESNE MANOR
DEMESNE GROVE
DEMESNE AVE
DEMESNE
INVER PK
LADY'S MILE
ALEXANDRA PARK
LYNWOOD PK
Sacred Heart of Mary Convent
Sullivan Upper School
ABBEY RING
NORTH CL
WEST LINK
CARN END
PRIORY END
EAST LINK
WEST GREEN
AVENUE
BEECHEND
PO
THE GROVE
WOOD END
ABBOTS WOOD
ROAD
PINE CREST
Winshill
HOLYWOOD GOLF COURSE
JACKSONS ROAD
OAKLEY
THE GREEN
SOUTH CL
ARDNAGREENA GDNS
LOUGHVIEW AVE
DEMESNE
NUN'S WALK
HOLYWOOD GOLF COURSE
OLD HOLYWOOD ROAD
Redburn Prim Sch
PLAYING FIELD
Ardtullagh
Club House
BT18
CLARE HILL LA
FIRMOUNT CRESCENT
GROVE
PALACE GROVE
FIRMOUNT CT
CEMETERY
Redburn
Maryfield
Mertoun Hall
REDBURN COUNTY PARK
HOLYWOOD
RORYS WOOD
HOLYWOOD
GROVE
CEDAR
RICHMOND
RICHMOND HTS
RICHMOND CT
RICHMOND GRN
RICHMOND CLO
LENDARRAGH
HENDERSON CT
MERTOUN PARK
CHURCHLAND CLO
MEWS
Barn End
KNOCKNAGONEY ROAD
SCHOOL CT
Knocknagoney Prim Sch
Comm Cen
KNOCKNAGONEY PARK
KNOCKNAGONEY AVE
KNOCKNAGONEY GDNS
KNOCKNAGONEY DR
KNOCKNAGONEY GRO
KNOCKNAGONEY GRN
Knocknagoney
GLENLOCH GDNS
GLENDHU PK
GLENLUCE
GLENLUCE DRIVE
GLENLEA
GRN
PK
WALK
GARNERVILLE ROAD
GARNERVILLE PK
GARNERVILLE
GARNERVILLE GRO
GARNERVILLE DRIVE
GARDENS
GLENMACHAN ROAD
Glenmachan Tower
GLENMACHAN PK
GLEN EBOR PARK
Youth Club
BT4
Quarry (Dis)
MOSS ROAD
Moor Park
QUARRY ROAD
UPPER QUARRY ROAD
MOTELANDS
GLENMILLAN DR
GLENMILLAN
PARK
DRIVE
BRIDGE
ROAD
PALISCAW
Kileen House
PARKWAY

# Black Mountain

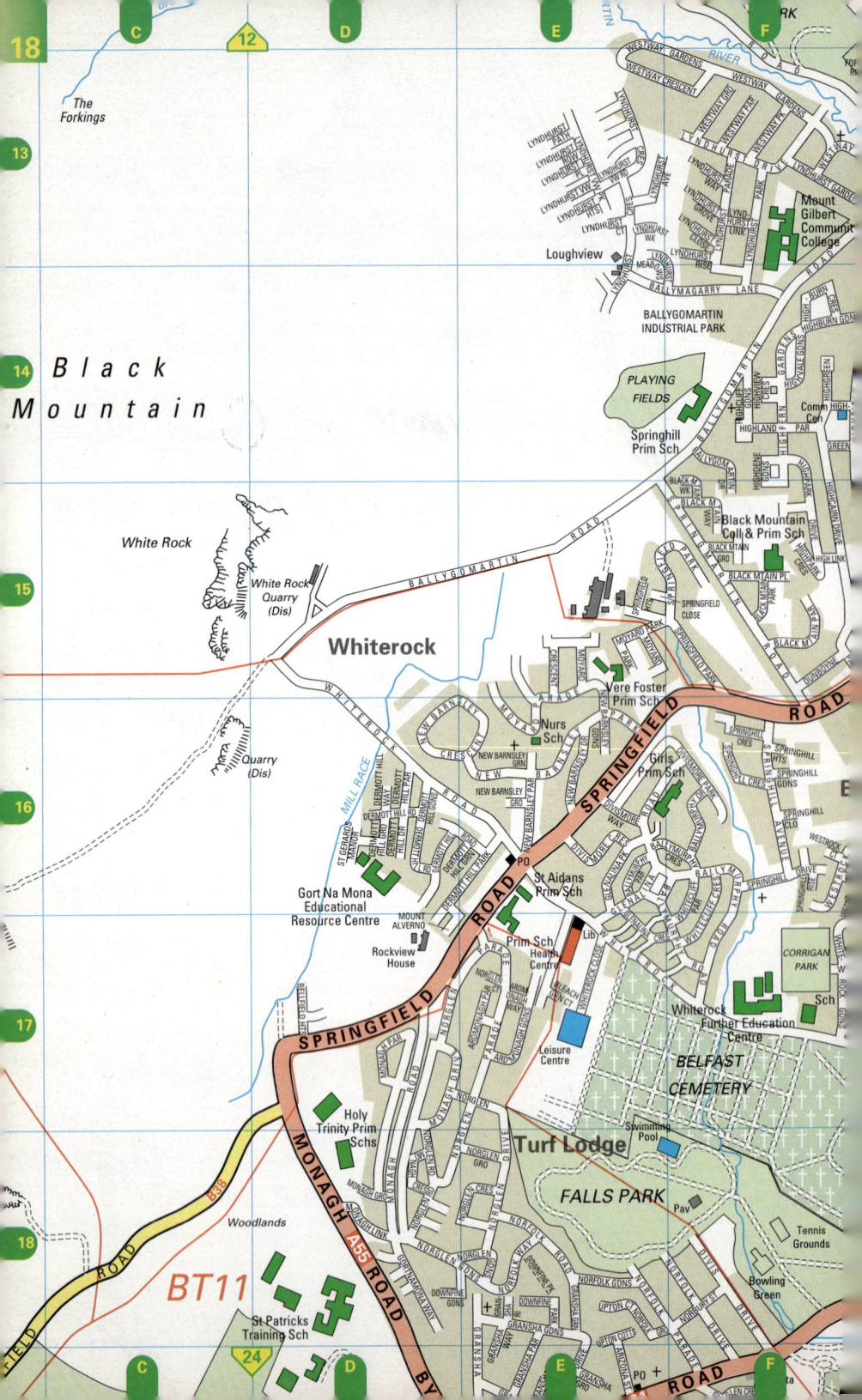

The Forkings

White Rock
White Rock Quarry (Dis)
Quarry (Dis)

Whiterock

Loughview

Mount Gilbert Community College

BALLYGOMARTIN INDUSTRIAL PARK

PLAYING FIELDS

Springhill Prim Sch

Black Mountain Coll & Prim Sch

Vere Foster Prim Sch

Nurs Sch

Girls Prim Sch

Gort Na Mona Educational Resource Centre

Mount Alverno

Rockview House

St Aidans Prim Sch

Prim Sch
Health Centre
Lib

Whiterock Further Education Centre

Corrigan Park
Sch

BELFAST CEMETERY

Leisure Centre

Holy Trinity Prim Schs

Turf Lodge

Swimming Pool

FALLS PARK
Pav

Tennis Grounds

Bowling Green

Woodlands

BT11

St Patricks Training Sch

SPRINGFIELD ROAD
MONAGH BYPASS A55
WHITEROCK ROAD
BALLYGOMARTIN ROAD

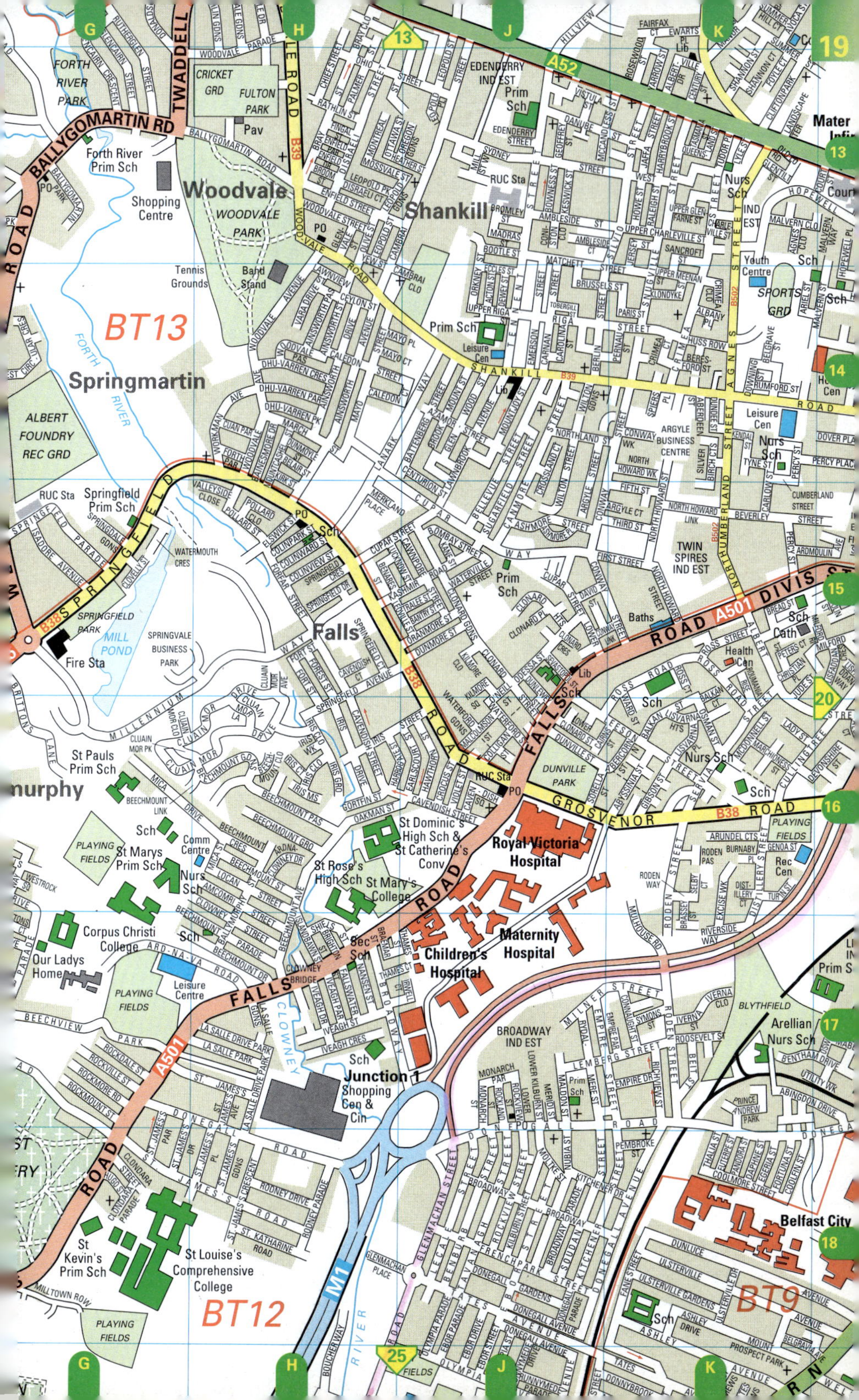

19
G
H
J
K
13
A52
B39
B38
A501
B502
M1
25
20
14
15
16
17
18
FORTH RIVER PARK
BALLYGOMARTIN RD
TWADDELL
CRICKET GRD
FULTON PARK
Pav
Forth River Prim Sch
Shopping Centre
Woodvale
WOODVALE PARK
Tennis Grounds
Band Stand
BT13
Springmartin
ALBERT FOUNDRY REC GRD
FORTH RIVER
Shankill
EDENDERRY IND EST
Prim Sch
RUC Sta
Leisure Cen
SHANKILL
Mater Infir
Court
Nurs Sch
IND EST
Youth Centre
SPORTS GRD
Leisure Cen
TWIN SPIRES IND EST
ARGYLE BUSINESS CENTRE
Baths
DIVIS
Cath
Health Cen
RUC Sta
Springfield Prim Sch
SPRINGFIELD
SPRINGFIELD PARK
MILL POND
SPRINGVALE BUSINESS PARK
Fire Sta
Falls
FALLS
ROAD
GROSVENOR ROAD
DUNVILLE PARK
Royal Victoria Hospital
Maternity Hospital
Children's Hospital
St Dominic's High Sch & St Catherine's Conv
St Rose's High Sch
St Mary's College
Sec Sch
St Pauls Prim Sch
nurphy
St Marys Prim Sch
Comm Centre
Corpus Christi College
Our Ladys Home
PLAYING FIELDS
Leisure Centre
CLOWNEY
Junction 1 Shopping Cen & Cin
BROADWAY IND EST
Rec Cen
Prim Sch
BLYTHFIELD
Arellian Nurs Sch
Belfast City
St Kevin's Prim Sch
St Louise's Comprehensive College
BT12
BT9
RIVER

L
M
N
P
13
14
15
16
17
18
19
26
A12
A1
A24
B126
B39
B503
M3
BT1
BT2
BT7
BT12
Mater Infirmorum Hosp
St Malachy's Coll
PLAY FIELD
Court
Hosp
GRAVE YD
YORKGATE
Yorkgate Shopping Centre
Cinema
YORK DOCK
Fire Sta
CLARN DOCK
Harbour Office
Isle of Man Ferry Terminal
Sea Cat Terminal
Donegal Quay
Queens Quay
RIVER LAGAN
ABERCORN BASIN
LAGAN BRIDGE
Lagan Weir
DARGAN BRIDGE
Custom House
Lookout
BRIDGE
MIDDLEPATH ST
QUEEN ELIZABETH BRIDGE
QUEEN'S BRIDGE
QUEEN'S BRIDGE
WESTLINK
CLIFTON STREET
RUC Sta
Prim Sch
Nurs Sch
Sch
Health Cen
PETERS HILL
NORTH ST
CARRICK HILL
DONEGALL ST
Ulster Univ
Cath
GPO
Coll
Castle Court Shopping Centre
HPO
ROYAL AVENUE
VICTORIA ST
OXFORD STREET
Clock Tower
Court House
Royal Courts of Justice
Waterfront Hall
LANYON PLACE
CHICHESTER STREET
DONEGALL SQ N
City Hall
YMCA
MAY STREET
EAST BRIDGE STREET
CENTRAL STATION
DIVIS STREET
OLD MUS
Royal Academic Inst
RUC Sta
Clinic
GROSVENOR ROAD
Opera Ho
Europa Bus Cen & Int'l Airport Terminal
GT VICTORIA ST STA
Europa Hotel
GREAT VICTORIA ST
BEDFORD ST
Ulster Hall
Group Theatre
DUBLIN ROAD
ORMEAU AVENUE
CROMAC STREET
Comm Cen
Fire Sta
ORMEAU ROAD
Ulster Television
LINFIELD IND EST
Prim Sch
SANDY ROW
BOTANIC
Arts Theatre
Gall
CITY HOSPITAL
Bus Depot
Belfast City Hospital
UNIVERSITY ROAD
Queen's University
Whitla Hall
Cine
Rec Centre
Pav
SPORTS GROUND
PLAYING FIELDS
LAGAN
ORMEAU PARK
Mays Leis Cen

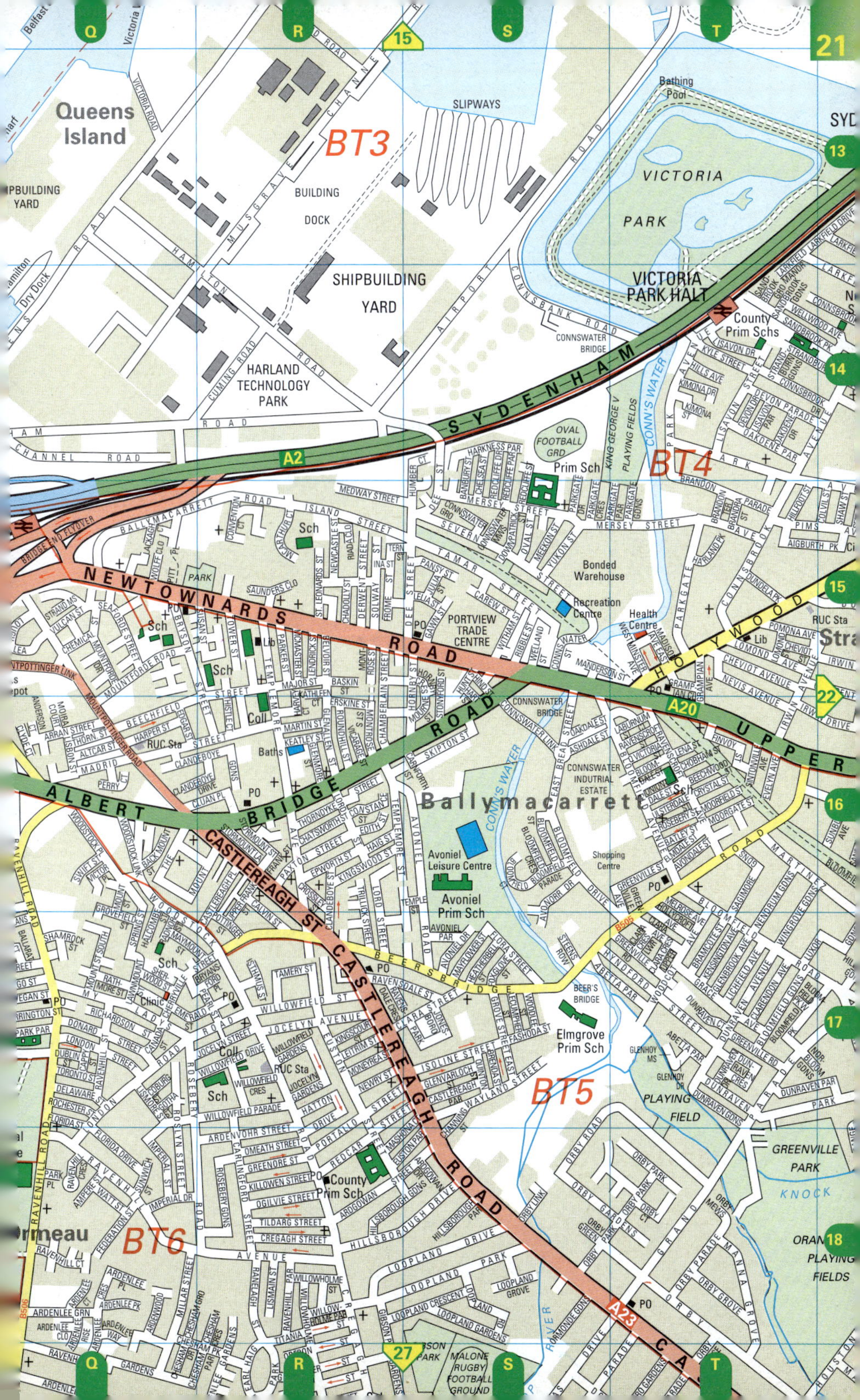

U
V
W
X
13
14
15
16
17
18
16
21
28
SYDENHAM
A2
BYPASS
Terminal Buildings
SPORTS GRD
Joss Cardwell Centre
Mitchell House Special Sch
A505
Ashfield High Sch
The Somme Hospital
A55
Sydenham
Youth Centre
Nurs Sch
PLAYING FIELDS
BT4
BELMONT PARK
C.I.Y.M.S. SPORTS GRD
PLAYING FIELD
Strathearn Sch Belavon
PARKWAY
HAWTHORNDEN GARDENS
SYDENHAM AVENUE
BELMONT ROAD
Cine
PO
RUC Sta
Strandtown
Dundela Inf Sch
Belmont Prim Sch
Tennis Grounds
Bowling Green
Ormiston
Belmont
Fire Sta
Pav
Strandtown Prim Sch
Special Sch
Prim Sch
Lib
UPPER NEWTOWNARDS ROAD
Prim Sch
Bloomfield Coll Sch
Bloomfield
Ballyhackamore
KNOCK ROAD
Coll
BEERSBRIDGE NATURE WALK
Sandown
Brooklyn
RUC Sta
Knock
BT5
KNOCK RIVER
GREENVILLE PARK
Orangefield High Sch
ORANGEFIELD PLAYING FIELDS
SPORTS GROUNDS
KNOCK BURIAL GROUND
SPORTS GROUNDS
Grosvenor Grammar Sch
PLAYING FIELDS

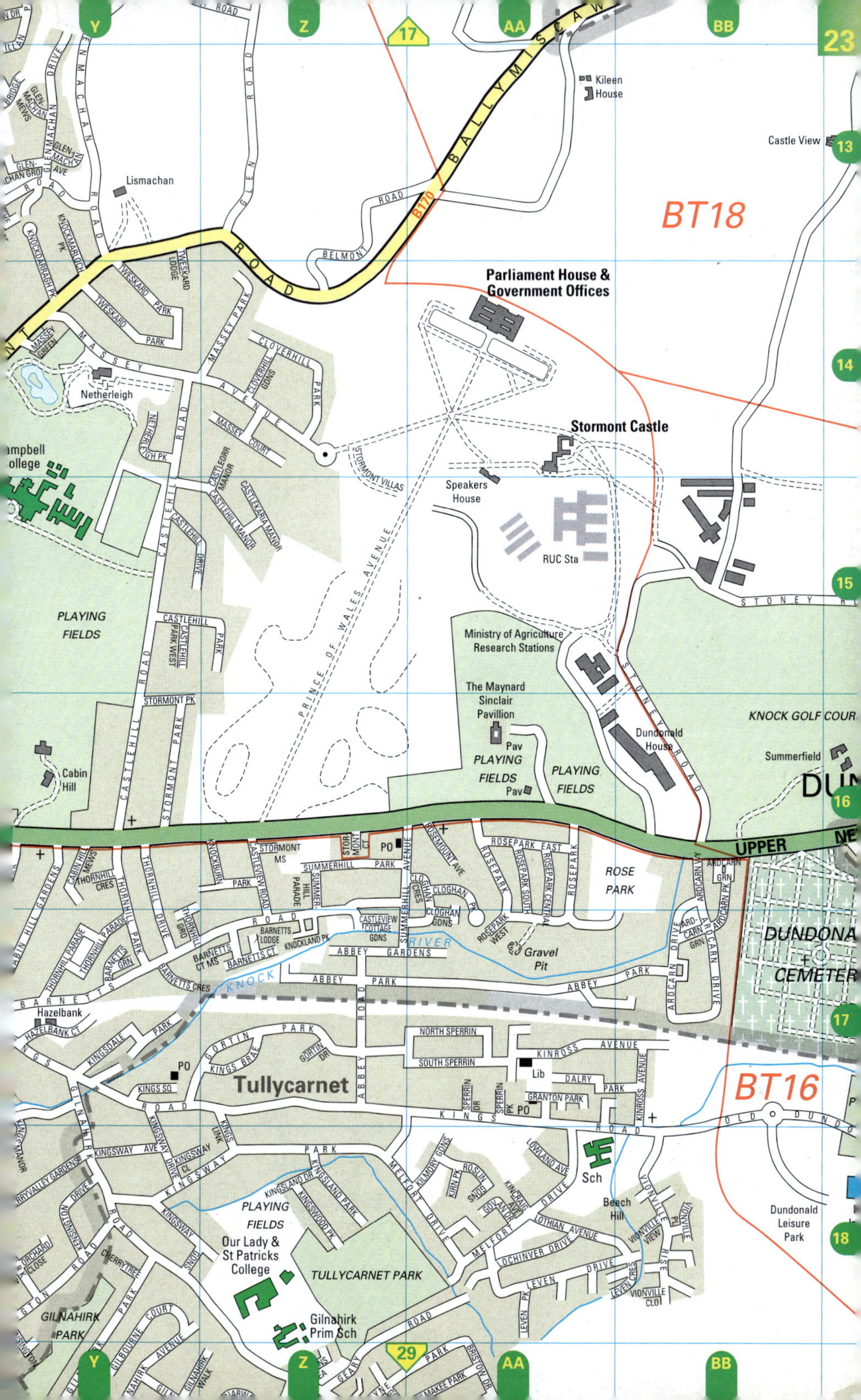
Y
Z
17
AA
BB
Kileen House
Castle View
13
BT18
Lismachan
GLENMACHAN ROAD
GLEN ROAD
BALLYMISCAW ROAD
B170
BELMONT ROAD
Parliament House & Government Offices
14
Netherleigh
MASSEY AVENUE
CLOVERHILL PARK
CLOVERHILL GDNS
MASSEY COURT
CASTLEHILL ROAD
Campbell College
Stormont Castle
STORMONT VILLAS
Speakers House
RUC Sta
15
STONEY ROAD
PRINCE OF WALES AVENUE
PLAYING FIELDS
CASTLEHILL PARK
CASTLEHILL PARK WEST
Ministry of Agriculture Research Stations
The Maynard Sinclair Pavillion
Pav
Dundonald House
KNOCK GOLF COURSE
Summerfield
STORMONT PK
Cabin Hill
STORMONT PARK
16
UPPER
ROSE PARK
ROSEPARK EAST
ROSEPARK SOUTH
ROSEPARK CENTRAL
ROSEPARK WEST
Gravel Pit
ARDCARN DRIVE
ARDCARN GRN
DUNDONALD CEMETERY
KNOCK RIVER
ABBEY GARDENS
ABBEY PARK
ABBEY ROAD
BARNETTS ROAD
Hazelbank
HAZELBANK CT
17
NORTH SPERRIN
SOUTH SPERRIN
KINROSS AVENUE
DALRY PARK
GRANTON PARK
Lib
PO
BT16
Tullycarnet
GORTIN PARK
KINGS BRAE
KINGS SQ
KINGS ROAD
OLD DUNDONALD ROAD
KINGSWAY
GILNAHIRK ROAD
KINGSWAY AVE
MELFORT DRIVE
LOWLAND AVE
Sch
Beech Hill
VIONVILLE VIEW
VIONVILLE RISE
Dundonald Leisure Park
18
PLAYING FIELDS
Our Lady & St Patricks College
TULLYCARNET PARK
LOTHIAN AVENUE
LOCHINVER DRIVE
LEVEN DRIVE
GILNAHIRK PARK
Gilnahirk Prim Sch
29
Y
Z
AA
BB

B
C
D
E
18
19
20
21
22
23
24
Quarry (Dis)
UPPER SPRINGFIELD
PLAYING FIELDS
St Patricks
Christian Brothers Grammar Sch
Airfield House
Ulster Brewery Co
La Salle Boys Junior Sch
Christian Brothers Sec Sch
St Theresa's Prim Sch
BY-PASS
GLEN
KENNEDY
A501
ROAD
GLEN ROAD
GOLF DRIVING RANGE
Moyard House
SHAWS ROAD
Sec Schs
Comm Cen
Lib
Sch
Prim Sch
Health Centre
Leisure Centre
Ladybrook
ANDERSONSTOWN
B102
St Mary's College
BT11
Bacon Factory
RUC Sta
STEWARTSTOWN
LADY BROOK
BMK Factory
MUSGRAVE IND ESTA
WOODLANDS BRIDGE
FINAGHY
Suffolk House
Suffolk Prim Sch
GLEN RIVER
KILWEE IND EST
Bleach Green
COLIN VALLEY GOLF COURSE
OLD GOLF COURSE ROAD
Balmoral High Sch
M1
BT10
PO
Health Centre
FINAGHY ROAD NORTH
UPPER LISBURN

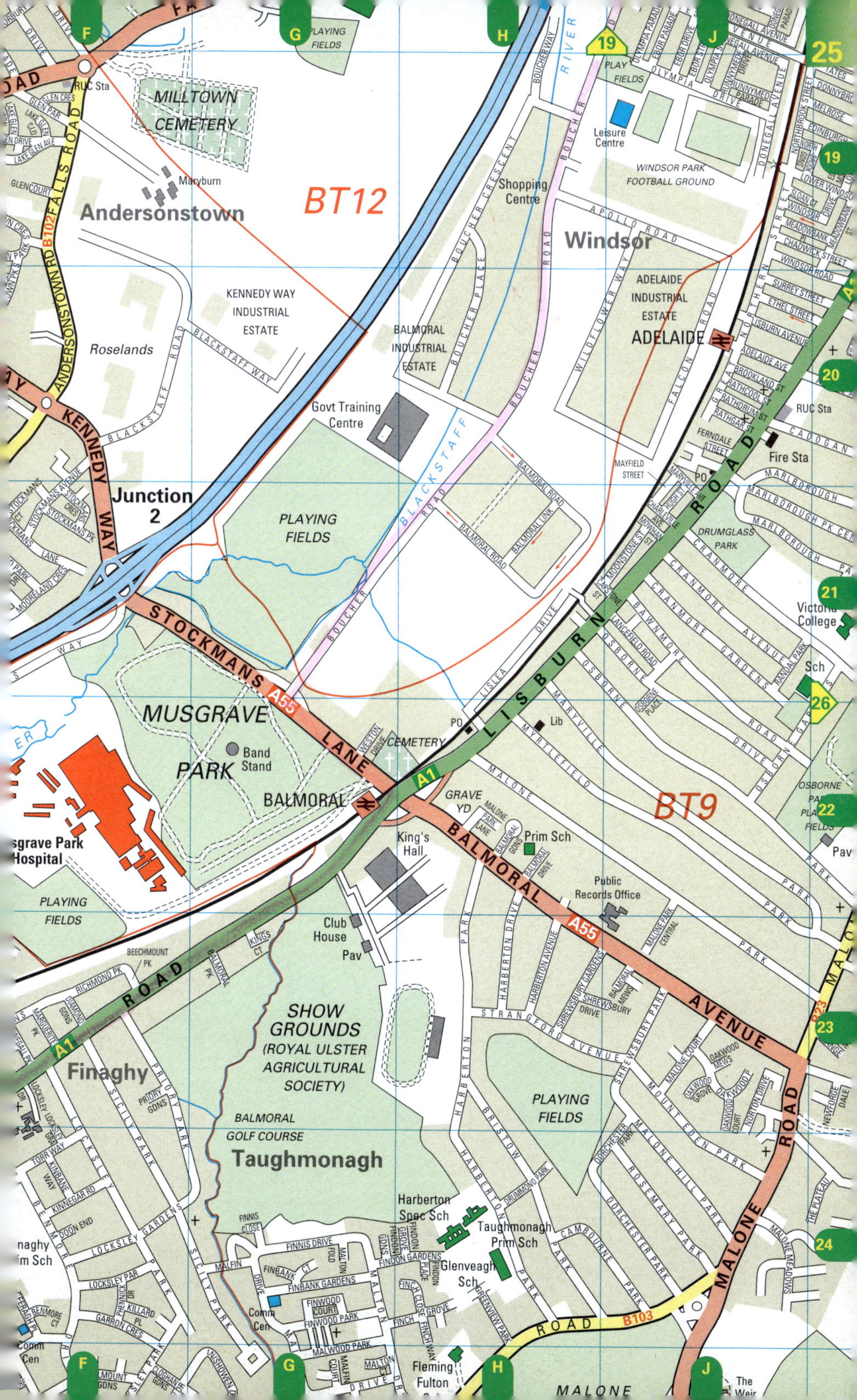
BT12
BT9
Andersonstown
Windsor
ADELAIDE
Finaghy
Taughmonagh
MILLTOWN CEMETERY
Maryburn
KENNEDY WAY INDUSTRIAL ESTATE
Roselands
Junction 2
BALMORAL INDUSTRIAL ESTATE
Shopping Centre
Leisure Centre
WINDSOR PARK FOOTBALL GROUND
ADELAIDE INDUSTRIAL ESTATE
Govt Training Centre
PLAYING FIELDS
MUSGRAVE PARK
Band Stand
BALMORAL
CEMETERY
GRAVE YD
King's Hall
Prim Sch
Public Records Office
Club House
Pav
SHOW GROUNDS (ROYAL ULSTER AGRICULTURAL SOCIETY)
BALMORAL GOLF COURSE
Harberton Spec Sch
Taughmonagh Prim Sch
Glenveagh Sch
Fleming Fulton
Comm Cen
Musgrave Park Hospital
Victoria College
Sch
RUC Sta
Fire Sta
Lib
PO
DRUMGLASS PARK
OSBORNE PARK
FALLS ROAD
ANDERSONSTOWN RD
KENNEDY WAY
STOCKMANS LANE
BLACKSTAFF ROAD
BOUCHER ROAD
BOUCHER CRESCENT
BOUCHER PLACE
BOUCHER WAY
BALMORAL ROAD
BALMORAL LINK
APOLLO ROAD
WILDFLOWER WAY
FALCON ROAD
LISBURN ROAD
BALMORAL AVENUE
MALONE ROAD
MALONE AVENUE
MALONE PARK
STRANGFORD AVENUE
SHREWSBURY PARK
HARBERTON PARK
HARBERTON DRIVE
CAMBOURNE PARK
DORCHESTER PARK
ROSEMARY PARK
MALONE HILL PARK
MOUNT EDEN PARK
OLYMPIA
DONEGALL AVENUE
NORTHBROOK STREET
MARLBOROUGH
CRANMORE GARDENS
CRANMORE AVENUE
OSBORNE DRIVE
MARYVILLE
MYRTLEFIELD
PRIORY PARK
SICILY PARK
LOCKSLEY PARK
BENMORE
FINNIS DRIVE
FINBANK GARDENS
FINWOOD PARK
MALWOOD PARK
B102
B103
B23
A1
A55
19
20
21
22
23
24
26
F
G
H
J

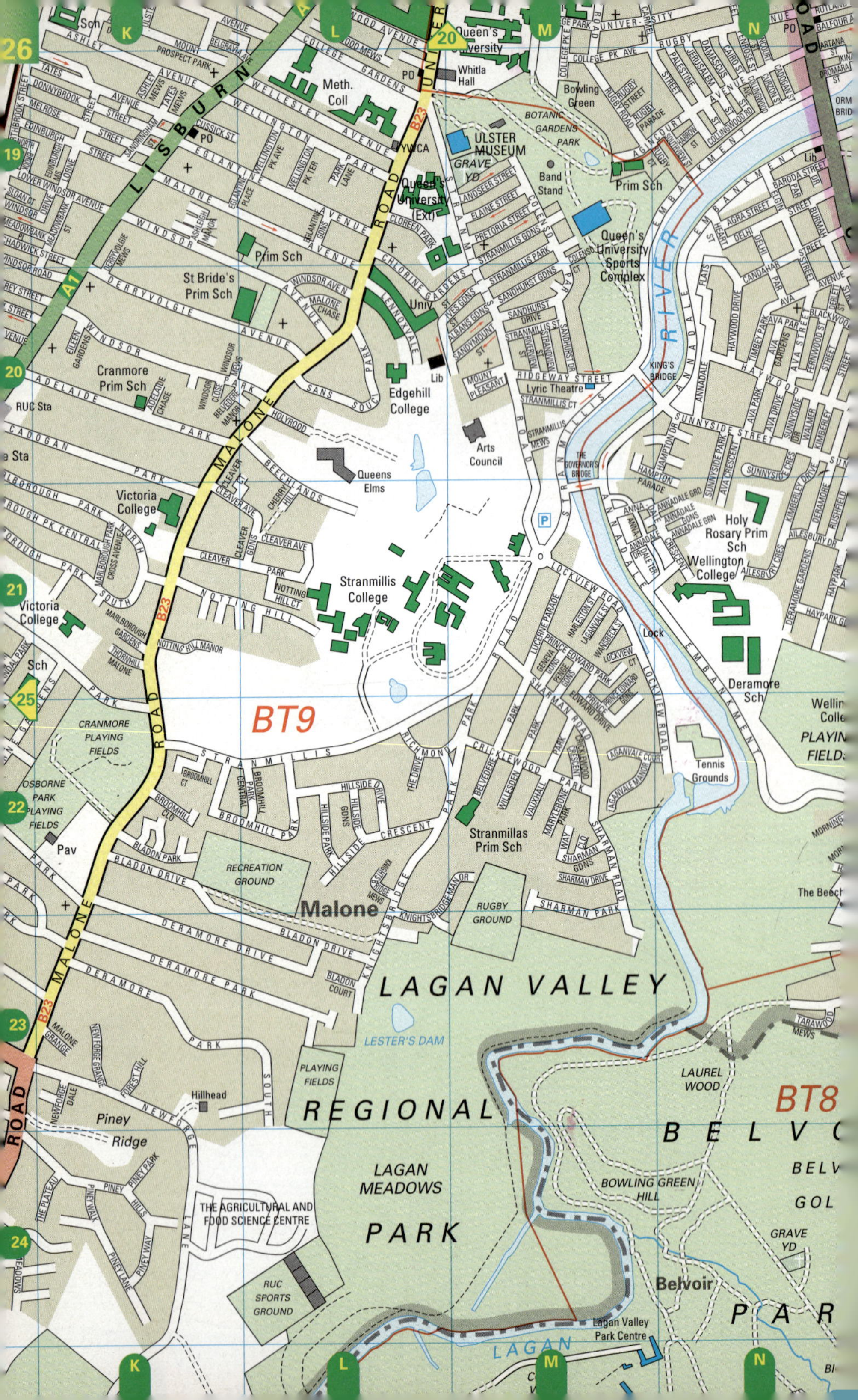
BT9
BT8
LAGAN VALLEY
REGIONAL
PARK
LAGAN MEADOWS
Malone
Belvoir
LISBURN
MALONE ROAD
STRANMILLIS ROAD
UNIVERSITY
Queen's University
Whitla Hall
Meth. Coll
ULSTER MUSEUM
BOTANIC GARDENS PARK
Bowling Green
Band Stand
Prim Sch
Queen's University Sports Complex
Queen's University (Ext)
St Bride's Prim Sch
Cranmore Prim Sch
RUC Sta
Victoria College
Edgehill College
Arts Council
Queens Elms
Lyric Theatre
KING'S BRIDGE
THE GOVERNOR'S BRIDGE
Stranmillis College
Holy Rosary Prim Sch
Wellington College
Deramore Sch
RIVER
EMBANKMENT
Lock
Tennis Grounds
CRANMORE PLAYING FIELDS
OSBORNE PARK PLAYING FIELDS
Pav
RECREATION GROUND
Stranmillas Prim Sch
RUGBY GROUND
LESTER'S DAM
PLAYING FIELDS
Hillhead
Piney Ridge
THE AGRICULTURAL AND FOOD SCIENCE CENTRE
RUC SPORTS GROUND
LAUREL WOOD
BOWLING GREEN HILL
GRAVE YD
Lagan Valley Park Centre
LAGAN
ADELAIDE PARK
CADOGAN PARK
WINDSOR AVENUE
MALONE PARK
DERAMORE DRIVE
DERAMORE PARK
BLADON DRIVE
NEWFORGE
ANNADALE EMBANKMENT
SUNNYSIDE STREET
HAYWOOD
A1
B23
K
L
M
N
19
20
21
22
23
24
25

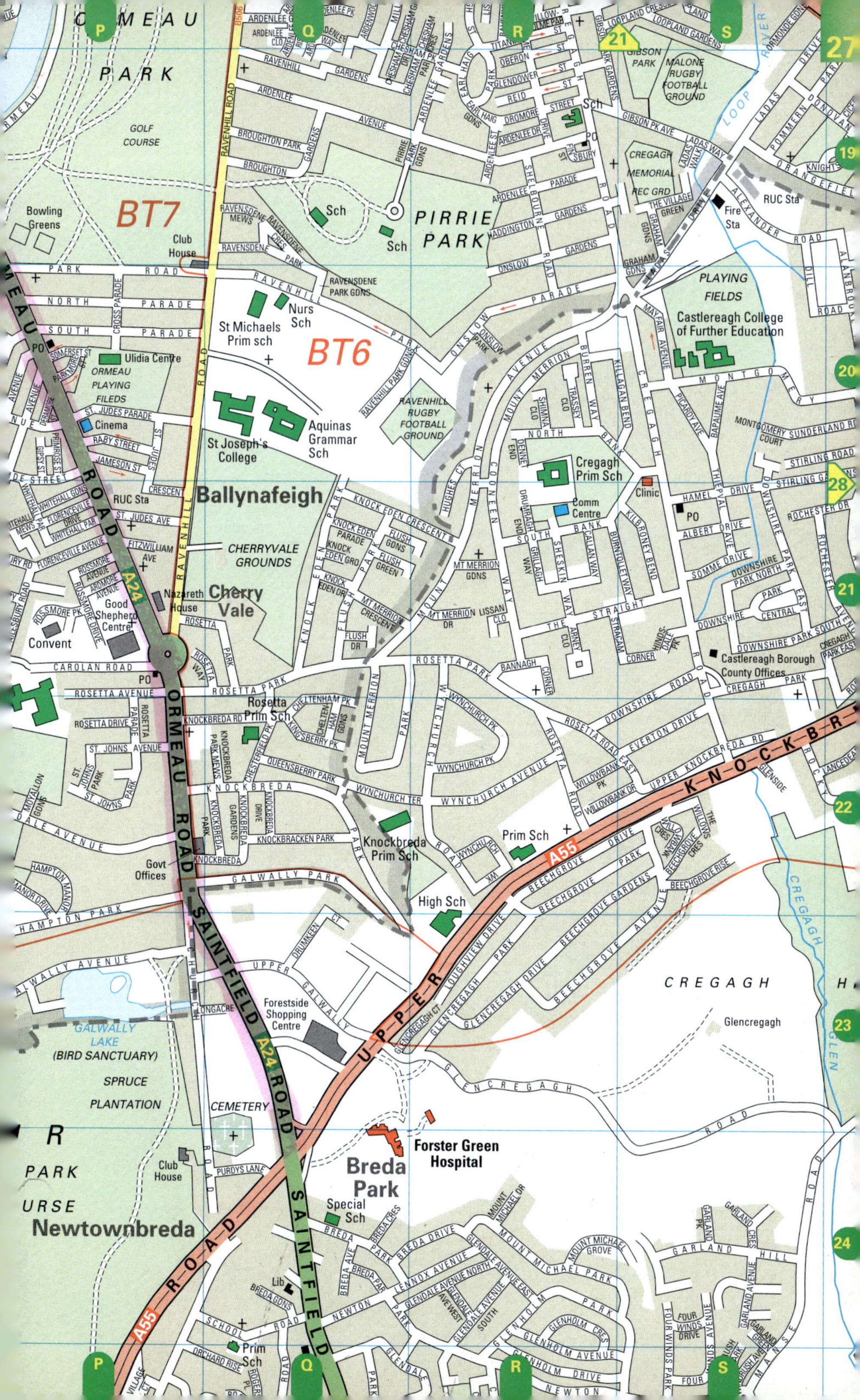

T
U
V
W
17
18
19
20
21
22
22
27
Bloomfield
Ballyhack
Knock
Castlereagh
Cregagh
BT6
A23
A55
B505
KNOCK RIVER
BEERSBRIDGE NATURE WALK
GREENVILLE PARK
ORANGEFIELD PLAYING FIELDS
PLAYING FIELD
SPORTS GROUNDS
PLAYING FIELDS
KNOCK BURIAL GROUND
Orangefield High Sch
Grosvenor Grammar Sch
Prim Sch
Coll Sch
Coll
Sandown
Castlereagh College of Further Education
The Robinson Centre
Comm Centre
Nurs Sch
High Sch
CASTLEREAGH IND EST
ALANBROOKE PARK IND EST
Lib
PO
CASTLEREAGH ROAD
KNOCK ROAD
BREDA ROAD
BALLYGOWAN ROAD
ORANGEFIELD ROAD
KIRKLISTON PARK
SANDHILL PARK
CLARA ROAD
CLARA WAY
CLARAWOOD CRES
RICHHILL CRESCENT
KNOCKVALE PARK
ORBY DRIVE
HOUSTON PARK
MARINA PARK
KNOCKWOOD PARK
RODDENS PARK
RODDENS CRES
REGENT ROAD
PRINCE ROAD
MARSHALLS ROAD
ALANBROOKE ROAD
CLONDUFF DR
CARNCAVER ROAD
MEROK CRESCENT
MEROK DRIVE
STIRLING ROAD
CARNAMENA AVENUE
ROCHESTER AVENUE
ROCHESTER ROAD
TUDOR AVE
LISNASHARRAGH PARK
CASTLEMORE AVENUE
CASAELDONA PARK
ROSEWOOD PARK
SHALOM PARK
GREY CASTLE MANOR
GLENVIEW PARK
GLENVIEW GARDENS
BRENTWOOD PARK
LEAD HILL
WHINCROFT WAY
LOWER BRAEFIELD
WOODCROFT HEIGHTS
CHURCH ROAD
MANSE ROAD
UPPER BRAE
PLAYING FIELDS
Castlereagh
GRAVE YARD
Beechmount
Slatady House
Cregagh Hill

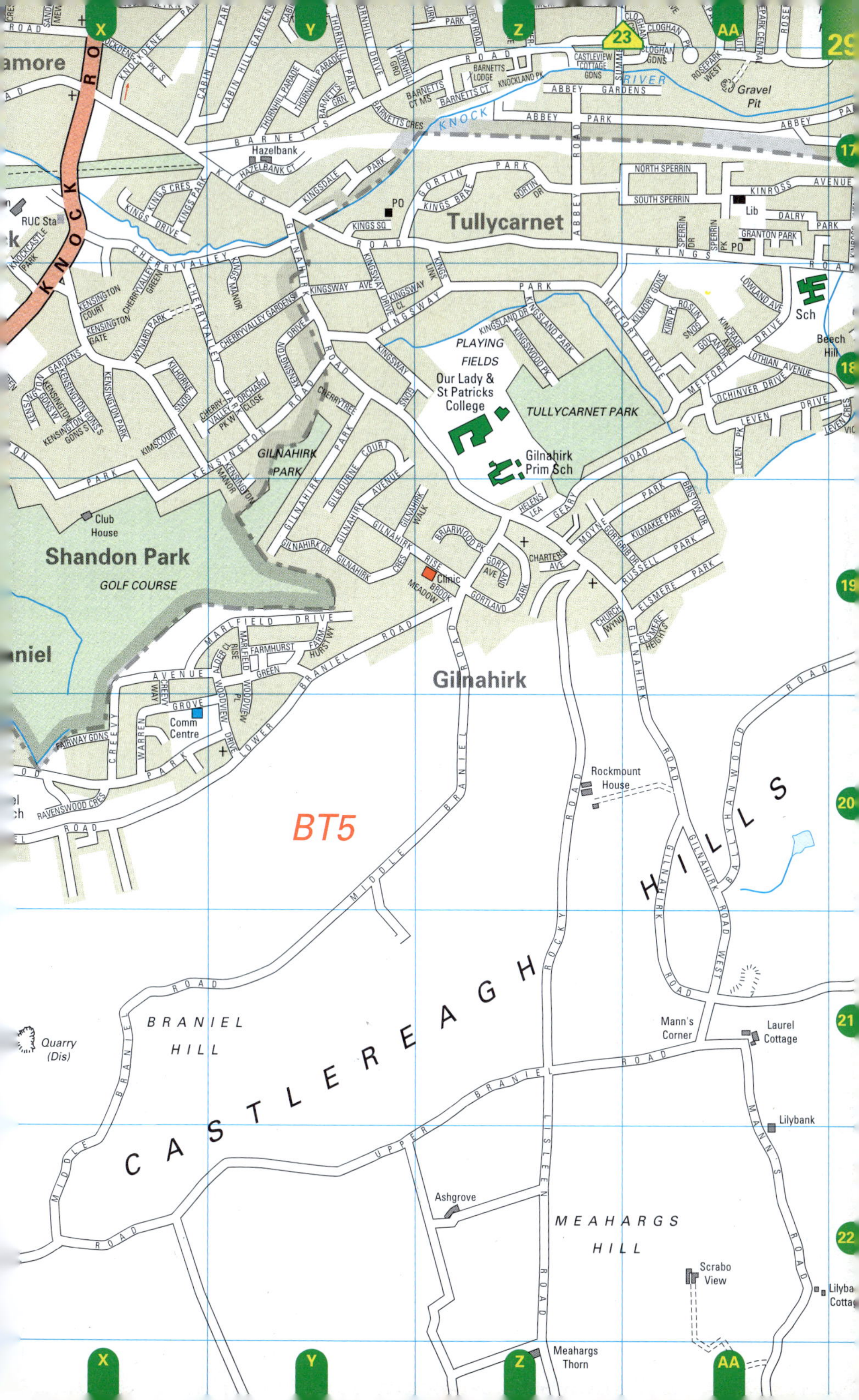
29
X
Y
Z
AA
17
18
19
20
21
22
23
Tullycarnet
Shandon Park
GOLF COURSE
Gilnahirk
BT5
CASTLEREAGH HILLS
BRANIEL HILL
MEAHARGS HILL
KNOCK ROAD
KNOCK RIVER
KINGS ROAD
BARNETTS ROAD
ABBEY PARK
ABBEY GARDENS
ABBEY ROAD
KINGSWAY PARK
KINGSWAY AVE
GILNAHIRK ROAD
GILNAHIRK RISE
KENSINGTON ROAD
KENSINGTON PARK
CHERRYVALLEY
CHERRYVALLEY PARK
BRANIEL ROAD
LOWER BRANIEL ROAD
MIDDLE BRANIEL ROAD
UPPER BRANIEL ROAD
ROCKY ROAD
LISLEEN ROAD
MANNS ROAD
GILNAHIRK ROAD WEST
BALLYHANWOOD ROAD
MELFORT DRIVE
LOTHIAN AVENUE
LOCHINVER DRIVE
LEVEN DRIVE
KINROSS AVENUE
DALRY PARK
GRANTON PARK
NORTH SPERRIN
SOUTH SPERRIN
GORTIN PARK
KINGS BRAE
KINGS SQ
MARLFIELD DRIVE
CREEVY AVENUE
WOODVIEW DRIVE
WARREN PARK
RAVENSWOOD CRES
FAIRWAY GDNS
KILMAKEE PARK
RUSSELL PARK
ELSMERE PARK
GORTLAND PARK
BRIARWOOD PK
Hazelbank
RUC Sta
PO
Lib
Sch
Beech Hill
PLAYING FIELDS
Our Lady & St Patricks College
TULLYCARNET PARK
Gilnahirk Prim Sch
GILNAHIRK PARK
Club House
Clinic
Comm Centre
Gravel Pit
Rockmount House
Mann's Corner
Laurel Cottage
Lilybank
Ashgrove
Scrabo View
Meahargs Thorn
Quarry (Dis)

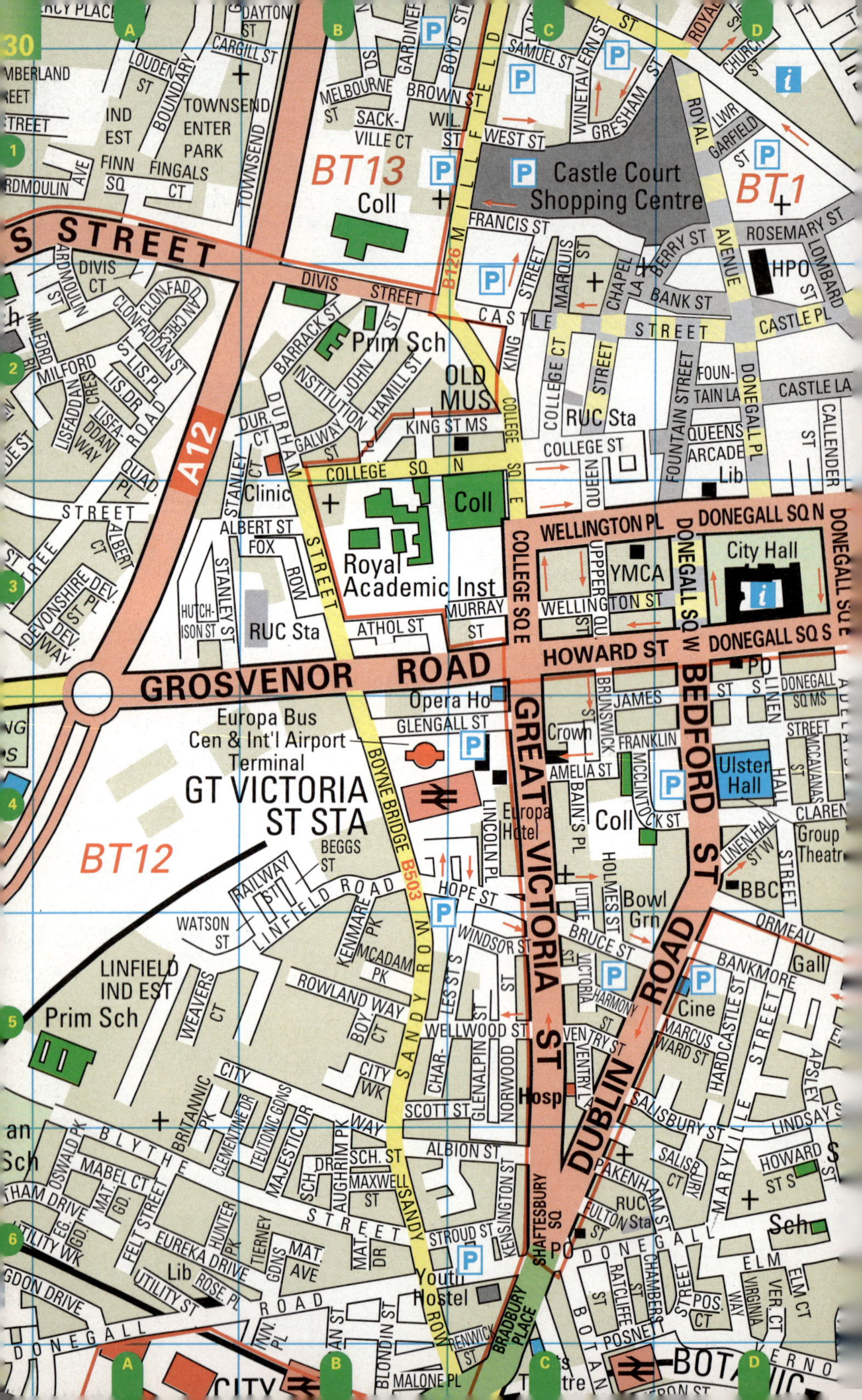
A
B
C
D
1
2
3
4
5
6
BT13
BT1
BT12
Castle Court Shopping Centre
S STREET
DIVIS STREET
DIVIS CT
CARGILL ST
DAYTON ST
LOUDEN ST
BOUNDARY
TOWNSEND ENTERPRISE PARK
TOWNSEND
IND EST
FINN SQ
FINGALS CT
MELBOURNE ST
SACKVILLE CT
GARDINER
BOYD ST
BROWN ST
WIL. ST
WEST ST
SAMUEL ST
WINETAVERN ST
GRESHAM ST
ROYAL AVENUE
LWR GARFIELD ST
CHURCH ST
FRANCIS ST
ROSEMARY ST
LOMBARD ST
BERRY ST
HPO
BANK ST
CHAPEL LA
MARQUIS ST
KING STREET
CASTLE STREET
CASTLE PL
CASTLE LA
MILLFIELD
B126
Coll
Prim Sch
BARRACK ST
JOHN ST
HAMILL ST
INSTITUTION
OLD MUS
KING ST MS
COLLEGE ST
COLLEGE CT
COLLEGE SQ N
COLLEGE SQ E
RUC Sta
FOUNTAIN STREET
FOUNTAIN LA
DONEGALL PL
QUEENS ARCADE
Lib
CALLENDER ST
QUEEN ST
WELLINGTON PL
DONEGALL SQ N
DONEGALL SQ E
DONEGALL SQ W
DONEGALL SQ S
City Hall
YMCA
UPPER QU.
WELLINGTON ST
MURRAY ST
HOWARD ST
ATHOL ST
Royal Academic Inst
Clinic
DURHAM
DUR. CT
GALWAY ST
STANLEY CT
STANLEY ST
ALBERT ST
FOX ROW
HUTCHISON ST
A12
CLONFADDAN CRES
CLONFADDAN ST
MILFORD
LISFADDAN CRES
LISFADDAN WAY
LIS.PL
LIS.DR
QUAD. PL
ALBERT CT
DEVONSHIRE
DEV. ST
DEV. PL
DEV. WAY
GROSVENOR ROAD
Opera Ho
GLENGALL ST
Europa Bus Cen & Int'l Airport Terminal
GT VICTORIA ST STA
Europa Hotel
LINCOLN PL
GREAT VICTORIA ST
BOYNE BRIDGE
B503
SANDY ROW
BEGGS ST
RAILWAY ST
LINFIELD ROAD
WATSON ST
LINFIELD IND EST
KENMARE PK
MCADAM PK
ROWLAND WAY
HOPE ST
WINDSOR ST
WELLWOOD ST
CHARLES ST
GLENALPIN ST
NORWOOD ST
SCOTT ST
ALBION ST
KENSINGTON ST
MAXWELL ST
STROUD ST
Youth Hostel
Hosp
SHAFTESBURY SQ
BRADBURY PLACE
RENWICK ST
MALONE PL
BLONDIN ST
JAMES ST
BRUNSWICK ST
Crown
FRANKLIN ST
AMELIA ST
BAIN'S PL
MCCLINTOCK ST
Coll
Ulster Hall
BEDFORD ST
LINEN HALL ST
LINEN HALL ST W
CLARENCE ST
Group Theatre
BBC
PO
DONEGALL SQ MS
MCCAVANAS
LITTLE VICTORIA ST
HOLMES ST
Bowl Grn
BRUCE ST
HARMONY ST
VENTRY ST
VENTRY LA
DUBLIN ROAD
ORMEAU
BANKMORE
Gall
Cine
MARCUS WARD ST
HARDCASTLE ST
APSLEY
LINDSAY S
SALISBURY ST
SALISB. CT
HOWARD ST S
MARYVILLE STREET
PAKENHAM ST
RUC Sta
FULTON ST
Sch
DONEGALL
ELM CT
ELM ST
VIRGINIA WAY
VER. CT
POS. CT
RATCLIFFE ST
CHAMBERS ST
POSNETT ST
BOTANIC
Prim Sch
WEAVERS CT
CITY WK
CITY WAY
BRITANNIC PK
CLEMENTINE DR
TEUTONIC GDNS
MAJESTIC DR
AUGHRIM PK
SCH. DR
SCH. ST
BOY. CT
BLYTHE STREET
MABEL CT
OSWALD PK
MAT. GD.
FELT STREET
EUREKA DRIVE
HUNTER PK
TIERNEY GDNS
MAT. AVE
MAT. DR
UTILITY WK
UTILITY ST
ROSE PL
Lib
DONEGALL ROAD
INN. PL
CITY

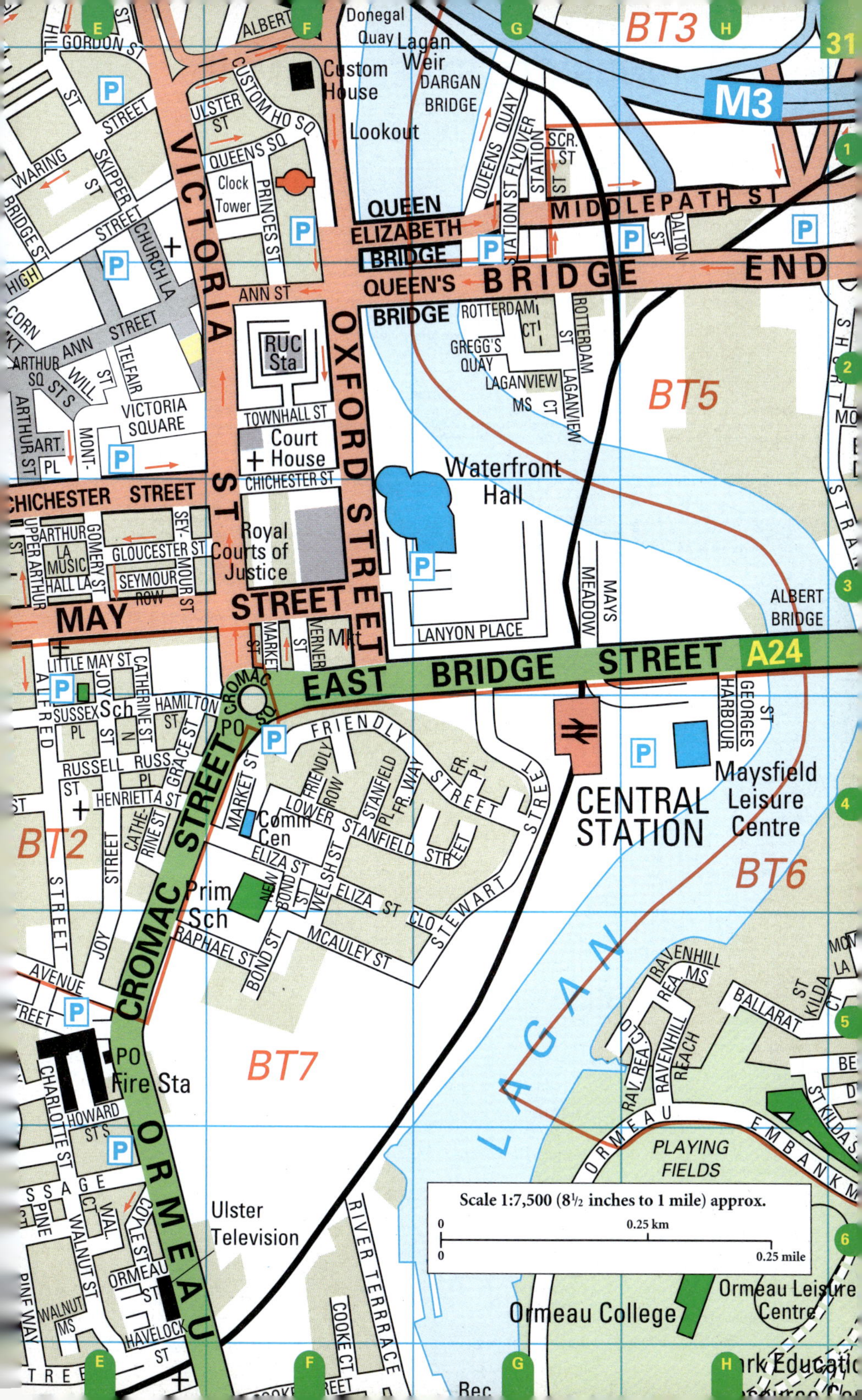

E
F
G
H
1
2
3
4
5
6
BT3
BT5
BT6
BT2
BT7
M3
A24
Donegal Quay
Lagan Weir
DARGAN BRIDGE
Lookout
Custom House
CUSTOM HO SQ
ALBERT
GORDON ST
HILL ST
ULSTER ST
QUEENS SQ
Clock Tower
PRINCES ST
STREET
SKIPPER ST
WARING ST
BRIDGE ST
STREET
CHURCH LA
HIGH
CORN MKT
ARTHUR SQ
ANN STREET
WILL ST S
TELFAIR ST
VICTORIA SQUARE
ARTHUR ST
ART. PL
MONT-
VICTORIA ST
ANN ST
OXFORD STREET
RUC Sta
TOWNHALL ST
Court House
CHICHESTER ST
CHICHESTER STREET
QUEEN ELIZABETH BRIDGE
QUEEN'S BRIDGE
QUEEN'S BRIDGE END
QUEENS QUAY
STATION ST FLYOVER
STATION ST
SCR. ST
MIDDLEPATH ST
DALTON ST
ROTTERDAM CT
ROTTERDAM ST
GREGG'S QUAY
LAGANVIEW MS
LAGANVIEW CT
SHORT STRAND
Waterfront Hall
Royal Courts of Justice
UPPER ARTHUR ST
ARTHUR LA
MUSIC HALL LA
GOMERY ST
GLOUCESTER ST
SEYMOUR ROW
SEYMOUR ST
MAY STREET
MARKET ST
VERNER ST
Mkt
MEADOW
MAYS
LANYON PLACE
ALBERT BRIDGE
EAST BRIDGE STREET
CROMAC SQ
LITTLE MAY ST
ALFRED ST
JOY ST
CATHERINE ST
SUSSEX PL
Sch
HAMILTON ST
GRACE ST
PO
RUSSELL ST
RUSS PL
HENRIETTA ST
CATHERINE ST
MARKET ST
FRIENDLY ROW
FRIENDLY STREET
STANFIELD PL
FR. WAY
FR. PL
LOWER STANFIELD STREET
STREET
Comm Cen
ELIZA ST
WELSH ST
BOND ST
NEW
Prim Sch
ELIZA ST
CLO
STEWART ST
RAPHAEL ST
BOND ST
MCAULEY ST
HARBOUR
GEORGES ST
CENTRAL STATION
Maysfield Leisure Centre
CROMAC STREET
STREET
AVENUE
STREET
PO
Fire Sta
CHARLOTTE ST
HOWARD ST S
ORMEAU
SSAGE
PINE ST
CT
WAL.
WALNUT ST
COYLE ST
ORMEAU ST
WALNUT MS
PINE WAY
HAVELOCK ST
Ulster Television
LAGAN
RAVENHILL MS
RAVENHILL REACH
RAV. REA. CLO
RAVENHILL REACH
BALLARAT ST
ST KILDA CT
ST KILDA ST
ORMEAU EMBANKMENT
PLAYING FIELDS
Scale 1:7,500 (8½ inches to 1 mile) approx.
0
0.25 km
0
0.25 mile
Ormeau Leisure Centre
Ormeau College
RIVER TERRACE
COOKE CT
Rec

# INDEX TO STREET NAMES

## General Abbreviations

| | | | | | | | |
|---|---|---|---|---|---|---|---|
| All. | Alley | Ct. | Court | Hts. | Heights | Rd. | Road |
| Arc. | Arcade | Cts. | Courts | La. | Lane | Ri. | Rise |
| Av. | Avenue | Dr. | Drive | Lo. | Lodge | S. | South |
| Bk. | Bank | E. | East | Lwr. | Lower | Sq. | Square |
| Bri. | Bridge | Embk. | Embankment | Mkt. | Market | St. | Street,Saint |
| Cen. | Centre,Central | Fm. | Farm | Ms. | Mews | Ter. | Terrace |
| Ch. | Church | Gdns. | Gardens | Mt. | Mount | Vills. | Villas |
| Circ. | Circus | Gra. | Grange | N. | North | Vw. | View |
| Clo. | Close | Grd. | Ground | Par. | Parade | W. | West |
| Cor. | Corner | Grn. | Green | Pas. | Passage | Wd. | Wood |
| Cotts. | Cottages | Gro. | Grove | Pk. | Park | Wf. | Wharf |
| Cres. | Crescent | Ho. | House | Pl. | Place | Wk. | Walk |

## Post Town Abbreviations

Hol.  Holywood          New.  Newtownabbey

## Notes

**Bold** references can be found within the enlarged Central Belfast map (pages 30-31). The index also contains some roads for which there is insufficient space to name on the map. The adjoining, or nearest named thoroughfare to such roads is shown in *italics*, and the reference indicates where the unnamed road is located off the named thoroughfare.

| | | | | | | | | | | | |
|---|---|---|---|---|---|---|---|---|---|---|---|
| Abbey Ct. BT5 | 23 | AA17 | Albany Pl. BT13 | 19 | K14 | Andersonstown Dr. | 24 | E19 | Ardenlee Ri. BT6 | 27 | Q19 |
| *Abbey Gdns.* | | | Albany Sq. BT13 | 19 | K14 | BT11 | | | Ardenlee St. BT6 | 27 | R19 |
| Abbey Dale Ct. BT14 | 13 | G11 | *Crimea St.* | | | Andersonstown | 24 | E19 | Ardenlee Way BT6 | 21 | Q18 |
| Abbey Dale Cres. | 13 | F11 | **Albert Bri. BT1** | **31** | **H3** | Gdns. BT11 | | | Ardenvohr St. BT6 | 21 | R18 |
| BT14 | | | Albert Bri. BT1 | 20 | P16 | Andersonstown Gro. | 24 | E20 | Ardenwood BT6 | 21 | Q18 |
| Abbey Dale Dr. BT14 | 13 | G11 | **Albert Bri. BT5** | **31** | **H3** | BT11 | | | Ardgowan Dr. BT6 | 21 | S18 |
| Abbey Dale Gdns. | 13 | G11 | Albert Bri. BT5 | 20 | P16 | Andersonstown Par. | 24 | E19 | Ardgowan St. BT6 | 21 | R18 |
| BT14 | | | Albert Bri. Rd. BT5 | 21 | Q16 | BT11 | | | Ardgreenan Cres. | 22 | W15 |
| Abbey Dale Par. BT14 | 13 | F11 | **Albert Ct. BT12** | **30** | **A3** | *Andersonstown Gdns.* | | | BT4 | | |
| Abbey Dale Pk. BT14 | 13 | G11 | Albert Ct. BT12 | 20 | L16 | Andersonstown Pk. | 24 | E19 | *Campbell Pk. Av.* | | |
| Abbey Gdns. BT5 | 23 | Z17 | Albert Dr. BT6 | 27 | S21 | BT11 | | | Ardgreenan Dr. BT4 | 22 | W15 |
| Abbey Pk. BT5 | 23 | Z17 | Albert Sq. BT1 | 20 | N14 | Andersonstown Pk. | 24 | E20 | Ardgreenan Gdns. | 22 | W16 |
| Abbey Pl., Hol. BT18 | 11 | Z7 | **Albert St. BT12** | **30** | **A3** | S. BT11 | | | BT4 | | |
| *Abbey Ring* | | | Albert St. BT12 | 20 | L16 | Andersonstown Pk. | 24 | E19 | Ardgreenan Mt. BT4 | 22 | W16 |
| Abbey Ring, Hol. | 11 | Z7 | Albert Ter. BT12 | 19 | K15 | W. BT11 | | | *Wandsworth Par.* | | |
| BT18 | | | *Albert St.* | | | Andersonstown Pl. | 25 | F19 | Ardgreenan Pl. BT4 | 22 | W16 |
| Abbey Rd. BT5 | 23 | Z17 | Albertville Dr. BT14 | 19 | K13 | BT11 | | | *Wandsworth Par.* | | |
| Abbey St. W. BT15 | 14 | N12 | Albion La. BT7 | 20 | M17 | *Andersonstown Pk.* | | | Ardilaun St. BT4 | 21 | Q15 |
| *Hanna St.* | | | *Bradbury Pl.* | | | Andersonstown Rd. | 24 | D21 | *Lackagh Ct.* | | |
| Abbots Wd., Hol. | 11 | Z8 | **Albion St. BT12** | **30** | **B6** | BT11 | | | Ardilea Ct. BT14 | 13 | J12 |
| BT18 | | | Albion St. BT12 | 20 | L17 | Anglesea St. BT13 | 19 | K14 | *Ardilea Dr.* | | |
| Abercorn St. BT9 | 20 | L18 | Alder Clo. BT5 | 29 | Y19 | *Beresford St.* | | | Ardilea Dr. BT14 | 13 | J12 |
| Abercorn St. N. BT12 | 19 | K16 | Alexander Ct. BT15 | 9 | M8 | **Ann St. BT1** | **31** | **E2** | Ardilea St. BT14 | 13 | J12 |
| Abercorn Wk. BT12 | 19 | K16 | Alexander Rd. BT6 | 27 | S19 | Ann St. BT1 | 20 | N15 | Ardkeen Cres. BT6 | 28 | U20 |
| *Abercorn St. N.* | | | Alexandra Av. BT15 | 14 | M11 | Annadale Av. BT7 | 26 | N22 | Ardlee Av., Hol. BT18 | 11 | AA7 |
| Aberdeen St. BT13 | 19 | K14 | Alexandra Gdns. | 14 | L9 | Annadale Cres. BT7 | 26 | M21 | Ardmillan BT15 | 14 | L9 |
| Abetta Par. BT5 | 21 | S17 | BT15 | | | Annadale Dr. BT7 | 26 | M21 | Ardmonagh Gdns. | 18 | E17 |
| Abingdon Dr. BT12 | 19 | K17 | Alexandra Pk., Hol. | 11 | AA7 | Annadale Embk. BT7 | 26 | M21 | BT11 | | |
| Aboo Ct. BT10 | 24 | E24 | BT18 | | | Annadale Flats BT7 | 26 | N20 | Ardmonagh Par. | 18 | E17 |
| Abyssinia St. BT12 | 19 | K16 | Alexandra Pk. Av. | 14 | L10 | Annadale Gdns. BT7 | 26 | N21 | BT11 | | |
| Abyssinia Wk. BT12 | 19 | K16 | BT15 | | | Annadale Grn. BT7 | 26 | N21 | Ardmonagh Way | 18 | E17 |
| *Abyssinia St.* | | | Alexandra Pl., Hol. | 11 | AA6 | Annadale Gro. BT7 | 26 | M21 | BT11 | | |
| Academy St. BT1 | 20 | M14 | BT18 | | | Annadale Ter. BT7 | 26 | M21 | Ardmore Av. BT7 | 27 | P21 |
| Acton St. BT13 | 19 | J14 | *Church Vw.* | | | Annalee Ct. BT14 | 14 | K12 | Ardmore Av. BT10 | 24 | D23 |
| Adam St. BT15 | 14 | M12 | Alford Pk. BT5 | 23 | AA18 | *Avonbeg Clo.* | | | Ardmore Av., Hol. | 11 | BB6 |
| Adela Pl. BT14 | 20 | L13 | *Melfort Dr.* | | | Annesley St. BT14 | 20 | L13 | BT18 | | |
| Adela St. BT14 | 20 | L13 | **Alfred St. BT2** | **31** | **E3** | Annsboro St. BT13 | 19 | J14 | Ardmore Ct. BT10 | 24 | D23 |
| Adelaide Av. BT9 | 25 | J20 | Alfred St. BT2 | 20 | N16 | *Sugarfield St.* | | | Ardmore Dr. BT10 | 24 | D23 |
| Adelaide Chase BT9 | 26 | K20 | Alliance Av. BT14 | 13 | H11 | Antigua Ct. BT14 | 14 | K12 | Ardmore Pk. BT10 | 24 | D23 |
| Adelaide Pk. BT9 | 26 | K20 | Alliance Clo. BT14 | 13 | H11 | *Glenpark St.* | | | Ardmore Pk., Hol. | 11 | BB6 |
| **Adelaide St. BT2** | **30** | **D2** | Alliance Cres. BT14 | 13 | H11 | Antigua St. BT14 | 13 | J12 | BT18 | | |
| Adelaide St. BT2 | 20 | M16 | Alliance Dr. BT14 | 13 | H10 | Antrim Rd. BT15 | 8 | L8 | Ardmore Pk. S. BT10 | 24 | E23 |
| Agincourt Av. BT7 | 26 | M19 | Alliance Gdns. BT14 | 13 | H10 | Apollo Rd. BT12 | 25 | H19 | Ardmore Ter., Hol. | 11 | BB6 |
| Agincourt St. BT7 | 20 | N18 | Alliance Gro. BT14 | 13 | H10 | Appleton Rd. BT7 | 14 | D22 | BT18 | | |
| Agnes Clo. BT13 | 19 | K13 | Alliance Par. BT14 | 13 | H10 | **Apsley St. BT7** | **30** | **D5** | Ardmoulin Av. BT13 | 19 | K15 |
| Agnes St. BT13 | 19 | K14 | Alliance Pk. BT14 | 13 | H11 | Apsley St. BT7 | 20 | M17 | Ardmoulin Clo. BT13 | 20 | L15 |
| Agra St. BT7 | 26 | N19 | Alliance Rd. BT14 | 13 | H10 | Arbour St. BT14 | 14 | K11 | *Ardmoulin Av.* | | |
| Aigburth Pk. BT4 | 21 | T15 | Alloa St. BT14 | 14 | K12 | Ard-na-va Rd. BT12 | 19 | G17 | Ardmoulin Pl. BT12 | 20 | L15 |
| Ailesbury Cres. BT7 | 26 | N21 | Allworthy Av. BT14 | 14 | L11 | Ardavon Pk. BT15 | 14 | M9 | *Ardmoulin St.* | | |
| Ailesbury Dr. BT7 | 26 | N21 | Altcar St. BT5 | 21 | Q16 | Ardcarn Dr. BT5 | 23 | BB17 | **Ardmoulin St. BT12** | **30** | **A1** |
| Ailesbury Gdns. BT7 | 26 | N21 | Altigarron Ct. BT12 | 19 | G16 | Ardcarn Grn. BT5 | 23 | BB17 | Ardmoulin St. BT12 | 20 | L15 |
| Ailesbury Rd. BT7 | 26 | N21 | *Westrock Gdns.* | | | Ardcarn Pk. BT5 | 23 | BB17 | Ardmoulin Ter. BT12 | 20 | L15 |
| Ainsworth Av. BT13 | 19 | H14 | Alton Ct. BT13 | 20 | M14 | Ardcarn Way BT5 | 23 | BB16 | *Ardmoulin St.* | | |
| Ainsworth Dr. BT13 | 19 | H14 | Alton St. BT13 | 20 | M14 | Ardenlee Av. BT6 | 27 | Q19 | Ardnaclowney Dr. | 19 | H16 |
| Ainsworth Par. BT13 | 19 | H14 | Ambleside Pk. BT13 | 19 | J13 | Ardenlee Clo. BT6 | 21 | Q18 | BT12 | | |
| *Vara Dr.* | | | Ambleside St. BT13 | 19 | J13 | Ardenlee Ct. BT6 | 21 | Q18 | Ardnagreena Gdns., | 11 | Z8 |
| Ainsworth Pas. BT13 | 19 | H14 | Amcomri St. BT12 | 19 | H16 | Ardenlee Cres. BT6 | 21 | Q18 | Hol. BT18 | | |
| Ainsworth St. BT13 | 19 | H14 | **Amelia St. BT2** | **30** | **C4** | Ardenlee Dr. BT6 | 27 | R19 | Ardoyne Av. BT14 | 13 | J12 |
| Airport Rd. BT3 | 21 | S14 | Amelia St. BT2 | 20 | M16 | Ardenlee Gdns. BT6 | 27 | R19 | Ardoyne Ct. BT14 | 13 | J12 |
| Airport Rd. W. BT3 | 16 | T10 | Ampere St. BT6 | 21 | Q18 | Ardenlee Grn. BT6 | 21 | Q18 | *Ardoyne Av.* | | |
| Aitnamona Cres. | 24 | D19 | Anderson Ct. BT5 | 21 | Q16 | Ardenlee Pk. BT6 | 21 | Q18 | Ardoyne Pl. BT14 | 13 | J12 |
| BT11 | | | Andersonstown | 24 | E19 | Ardenlee Pl. BT6 | 21 | Q18 | *Ardoyne Av.* | | |
| Alanbrooke Rd. BT6 | 28 | T19 | Cres. BT11 | | | | | | Ardoyne Rd. BT14 | 13 | G10 |

32

| Name | BT | No | Grid |
|---|---|---|---|
| Ardoyne Sq. BT14 | 13 | J11 |
| *Ardoyne Av.* |
| Ardoyne Wk. BT14 | 13 | J12 |
| *Ardoyne Av.* |
| Ardpatrick Gdns. BT6 | 28 | T19 |
| Ardvarna Cres. BT4 | 22 | W14 |
| Ardvarna Pk. BT4 | 22 | W14 |
| Argyle Ct. BT13 | 19 | K15 |
| Argyle St. BT13 | 19 | J15 |
| Ariel St. BT13 | 19 | K14 |
| Arizona St. BT11 | 24 | E19 |
| Arlington Pk. BT10 | 24 | C23 |
| Armitage Clo. BT4 | 21 | S14 |
| *Harkness Par.* |
| Arney Clo. BT6 | 27 | R21 |
| Arnon St. BT13 | 20 | M14 |
| Arosa Par. BT15 | 14 | N10 |
| Arran Ct. BT5 | 21 | Q16 |
| *Thompson St.* |
| Arran St. BT5 | 21 | Q16 |
| Artana St. BT7 | 20 | N18 |
| **Arthur La. BT1** | **31** | **E3** |
| Arthur La. BT1 | 20 | N16 |
| **Arthur Pl. BT1** | **31** | **E2** |
| Arthur Pl. BT1 | 20 | N15 |
| *Arthur St.* |
| **Arthur Sq. BT1** | **31** | **E2** |
| Arthur Sq. BT1 | 20 | N15 |
| **Arthur St. BT1** | **31** | **E2** |
| Arthur St. BT1 | 20 | N15 |
| Arundel Cts. BT12 | 19 | K16 |
| Arundel Ho. BT12 | 19 | K16 |
| *Arundel Cts.* |
| Arundel Wk. BT12 | 19 | K16 |
| *Roden Pas.* |
| Ascot Gdns. BT5 | 22 | W18 |
| Ascot Ms. BT5 | 22 | W18 |
| *Knockmount Pk.* |
| Ascot Pk. BT5 | 22 | W18 |
| Ash Grn., Hol. BT18 | 11 | Z8 |
| *Loughview Av.* |
| Ashbourne Ct. BT4 | 22 | W15 |
| Ashbrook Cres. BT4 | 22 | W13 |
| *Ashbrook Dr.* |
| Ashbrook Dr. BT4 | 22 | V13 |
| Ashburn Grn. BT4 | 22 | W13 |
| *Ashmount Pk.* |
| Ashburne Ms. BT7 | 20 | M17 |
| *Salisbury St.* |
| Ashburne Pl. BT7 | 20 | M17 |
| *Salisbury St.* |
| Ashdale St. BT5 | 21 | S16 |
| Ashdene Dr. BT15 | 14 | M10 |
| Ashfield Ct. BT5 | 14 | M10 |
| Ashfield Cres. BT15 | 14 | M10 |
| Ashfield Dr. BT15 | 14 | M10 |
| Ashfield Gdns. BT15 | 14 | M10 |
| Ashford Grn. BT4 | 22 | W13 |
| *Ashmount Pk.* |
| Ashgrove Pk. BT14 | 13 | J10 |
| Ashleigh Manor BT9 | 26 | K19 |
| Ashley Av. BT9 | 19 | K18 |
| Ashley Dr. BT9 | 19 | K18 |
| Ashley Gdns. BT15 | 9 | M7 |
| Ashley Ms. BT9 | 26 | K19 |
| Ashmore Pl. BT13 | 19 | J15 |
| Ashmore St. BT13 | 19 | J15 |
| Ashmount Gro. BT4 | 22 | W13 |
| *Ashmount Pk.* |
| Ashmount Pk. BT4 | 22 | W13 |
| Ashmount Pl. BT4 | 22 | W13 |
| Ashton Av. BT10 | 24 | D23 |
| Ashton Pk. BT10 | 24 | D23 |
| Aston Gdns. BT4 | 22 | W16 |
| Astoria Gdns. BT5 | 22 | W16 |
| **Athol St. BT12** | **30** | **B3** |
| Athol St. BT12 | 20 | L16 |
| Athol St. La. BT12 | 20 | L16 |
| *Athol St.* |
| Atlantic Av. BT15 | 14 | L11 |
| **Aughrim Pk. BT12** | **30** | **B6** |
| Aughrim Pk. BT12 | 20 | L17 |
| Ava Av. BT7 | 26 | N20 |
| Ava Cres. BT7 | 26 | N21 |
| Ava Dr. BT7 | 26 | N20 |
| Ava Gdns. BT7 | 26 | N20 |
| Ava Par. BT7 | 26 | N20 |
| Ava Pk. BT7 | 26 | N20 |
| Ava St. BT7 | 26 | N20 |
| Avoca St. BT14 | 13 | K12 |
| Avonbeg Clo. BT14 | 14 | K12 |
| Avondale St. BT5 | 21 | T16 |
| Avoniel Dr. BT5 | 21 | S17 |
| Avoniel Par. BT5 | 21 | S17 |

| Name | BT | No | Grid |
|---|---|---|---|
| Avoniel Rd. BT5 | 21 | S16 |
| Avonorr Dr. BT5 | 21 | S17 |
| Avonvale BT4 | 22 | W13 |
| Ayr St. BT15 | 14 | N11 |
| Azamor St. BT13 | 19 | J14 |

**B**

| Back Mt. St. BT5 | 21 | Q16 |
| Bainesmore Dr. BT13 | 19 | H14 |
| **Bain's Pl. BT2** | **30** | **C4** |
| Bain's Pl. BT2 | 20 | M16 |
| Balfour Av. BT7 | 20 | P18 |
| Balholm Dr. BT14 | 13 | H12 |
| Balkan Ct. BT12 | 19 | K15 |
| Balkan St. BT12 | 19 | K15 |
| Ballagh Beg BT11 | 24 | D20 |
| *Bearnagh Dr.* |
| Ballarat Ct. BT6 | 21 | Q17 |
| **Ballarat St. BT6** | **31** | **H5** |
| Ballarat St. BT6 | 20 | P17 |
| Ballycarry St. BT14 | 14 | K12 |
| *Ballynure St.* |
| Ballycastle Ct. BT14 | 14 | K12 |
| Ballycastle St. BT14 | 14 | K12 |
| *Ballynure St.* |
| Ballyclare Ct. BT14 | 14 | K12 |
| Ballyclare St. BT14 | 14 | K12 |
| *Ballynure St.* |
| Ballyclare Way BT14 | 14 | K12 |
| *Ballynure St.* |
| Ballygomartin Dr. BT13 | 18 | F14 |
| Ballygomartin Pk. BT13 | 19 | G13 |
| Ballygomartin Rd. BT13 | 18 | D15 |
| Ballygowan Rd. BT5 | 28 | V20 |
| Ballyhanwood Rd. BT5 | 29 | AA20 |
| Ballymacarrett Rd. BT4 | 21 | Q15 |
| Ballymacarrett Walkway BT4 | 21 | S15 |
| *Dee St.* |
| Ballymagarry La. BT13 | 18 | E14 |
| Ballymena Ct. BT14 | 14 | K12 |
| *Ballymoney St.* |
| Ballymenoch Pk., Hol. BT18 | 11 | BB4 |
| Ballymiscaw Rd., BT4 | 23 | AA13 |
| Ballymoney Ct. BT14 | 14 | K12 |
| *Ballymoney St.* |
| Ballymoney St. BT14 | 14 | K12 |
| Ballymurphy Cres. BT12 | 18 | E16 |
| Ballymurphy Dr. BT12 | 18 | F16 |
| Ballymurphy Par. BT12 | 18 | E16 |
| Ballymurphy Rd. BT12 | 18 | F16 |
| Ballymurphy St. BT12 | 19 | H17 |
| Ballynure St. BT14 | 14 | K12 |
| Ballynure Way BT14 | 14 | K12 |
| *Ballynure St.* |
| Ballyroney Hill, New. BT36 | 9 | M4 |
| Ballysillan Av. BT14 | 13 | G8 |
| Ballysillan Cres. BT14 | 13 | G8 |
| Ballysillan Dr. BT14 | 13 | G8 |
| Ballysillan Pk. BT14 | 13 | G8 |
| Ballysillan Rd. BT14 | 13 | G8 |
| Balmoral Av. BT9 | 25 | H22 |
| Balmoral Ct. BT9 | 25 | G22 |
| *Upper Lisburn Rd.* |
| Balmoral Dr. BT9 | 25 | H22 |
| Balmoral Gdns. BT9 | 25 | H22 |
| Balmoral Link BT12 | 25 | H20 |
| Balmoral Ms. BT9 | 25 | J23 |
| Balmoral Pk. (Finaghy) BT10 | 25 | G23 |
| Balmoral Rd. BT12 | 25 | H20 |
| Baltic Av. BT15 | 14 | L11 |
| Banbury St. BT4 | 21 | S15 |
| Bandon Ct. BT14 | 14 | K12 |
| Bangor Rd., Hol. BT18 | 11 | AA5 |
| **Bank St. BT1** | **30** | **C2** |
| Bank St. BT1 | 20 | M15 |
| Bankmore Sq. BT7 | 20 | M17 |
| *Bankmore St.* |

| Name | BT | No | Grid |
|---|---|---|---|
| **Bankmore St. BT7** | **30** | **D5** |
| Bankmore St. BT7 | 20 | M17 |
| Bann Ct. BT14 | 19 | K13 |
| *Shannon St.* |
| Bannagh Cor. BT6 | 27 | R21 |
| Bantry St. BT13 | 19 | J15 |
| Bapaume Av. BT6 | 27 | S20 |
| Barnetts Ct. BT5 | 23 | Z17 |
| Barnetts Ct. Ms. BT5 | 23 | Y17 |
| Barnetts Cres. BT5 | 23 | Y17 |
| Barnetts Grn. BT5 | 23 | Y17 |
| Barnetts Lo. BT5 | 23 | Z17 |
| Barnetts Rd. BT5 | 23 | Y17 |
| Baroda Dr. BT7 | 26 | N19 |
| Baroda Par. BT7 | 26 | N19 |
| Baroda St. BT7 | 19 | J14 |
| **Barrack St. BT12** | **30** | **B2** |
| Barrack St. BT12 | 20 | L15 |
| Barrington Gdns. BT12 | 19 | K17 |
| *Abingdon Dr.* |
| Baskin St. BT5 | 21 | R15 |
| Bathgate Dr. BT4 | 22 | U15 |
| Batley St. BT5 | 21 | T16 |
| Battenberg St. BT13 | 19 | J14 |
| Bawnmore Ct. BT9 | 25 | J21 |
| *Bawnmore Rd.* |
| Bawnmore Pk., New. BT36 | 9 | N4 |
| Bawnmore Pl., New. BT36 | 9 | N4 |
| *Newton Gdns.* |
| Bawnmore Rd. BT9 | 25 | J21 |
| Bawnmore Ter., New. BT36 | 9 | N4 |
| Bearnagh Dr. BT11 | 24 | D20 |
| Bearnagh Glen BT11 | 24 | D20 |
| *Bearnagh Dr.* |
| **Bedford St. BT2** | **30** | **D3** |
| Bedford St. BT2 | 20 | M16 |
| Beech End, Hol. BT18 | 11 | Z8 |
| Beech Pk. BT6 | 28 | T20 |
| Beeches, The BT7 | 26 | N22 |
| *Hampton Pk.* |
| Beechfield Ct. BT5 | 21 | R15 |
| *Beechfield St.* |
| Beechfield St. BT5 | 21 | Q16 |
| Beechgrove Av. BT6 | 27 | R23 |
| Beechgrove Cres. BT6 | 27 | S22 |
| Beechgrove Dr. BT6 | 27 | R22 |
| Beechgrove Gdns. BT6 | 27 | R23 |
| Beechgrove Pk. BT6 | 27 | R22 |
| Beechgrove Ri. BT6 | 27 | S22 |
| Beechlands BT9 | 26 | L20 |
| Beechmount Av. BT12 | 19 | H17 |
| Beechmount Clo. BT12 | 19 | H16 |
| Beechmount Cres. BT12 | 19 | H16 |
| Beechmount Dr. BT12 | 19 | H17 |
| Beechmount Gdns. BT12 | 19 | H16 |
| Beechmount Gro. BT12 | 19 | H16 |
| Beechmount Link BT12 | 19 | G16 |
| Beechmount Par. BT12 | 19 | G16 |
| Beechmount Pk. BT10 | 25 | F23 |
| Beechmount Pas. BT12 | 19 | H16 |
| Beechmount St. BT12 | 19 | H16 |
| Beechnut Pl. BT14 | 14 | K12 |
| *Oldpark Rd.* |
| Beechpark St. BT14 | 14 | K12 |
| *Oldpark Rd.* |
| Beechview Pk. BT12 | 19 | G17 |
| Beechwood St. BT12 | 19 | T16 |
| Beersbridge Rd. BT5 | 21 | R17 |
| **Beggs St. BT12** | **30** | **B4** |
| Beggs St. BT12 | 20 | L16 |
| Beit St. BT12 | 19 | K17 |
| Belair St. BT12 | 19 | K17 |
| Belfast Rd., Hol. BT18 | 16 | W10 |
| Belgrave St. BT13 | 19 | K14 |
| Belgravia Av. BT9 | 19 | K18 |
| Bell Clo. BT13 | 19 | J13 |
| *Bootle St.* |

| Name | BT | No | Grid |
|---|---|---|---|
| Bellevue St. BT13 | 19 | J15 |
| Bellfield Hts. BT12 | 18 | D17 |
| Belmont Av. BT4 | 22 | U15 |
| Belmont Av. W. BT4 | 22 | V15 |
| Belmont Ch. Rd. BT4 | 22 | W15 |
| Belmont Clo. BT4 | 22 | V15 |
| *Belmont Av.* |
| Belmont Ct. BT4 | 22 | V15 |
| *Sydenham Av.* |
| Belmont Dr. BT4 | 22 | W15 |
| Belmont Gra. BT4 | 22 | V15 |
| Belmont Ms. BT4 | 22 | U15 |
| Belmont Pk. BT4 | 22 | V15 |
| Belmont Pl. BT4 | 22 | W15 |
| Belmont Rd. BT4 | 22 | U15 |
| Belmore St. BT7 | 20 | N18 |
| Belvedere Manor BT9 | 26 | K20 |
| Belvedere Pk. BT9 | 26 | M22 |
| Belvoir St. BT5 | 21 | R15 |
| Ben Madigan Pk., New. BT36 | 8 | L4 |
| Ben Madigan Pk. S., New. BT36 | 8 | L4 |
| Benares St. BT13 | 19 | H15 |
| Benbradagh Gdns. BT11 | 24 | D20 |
| Benburb St. BT12 | 19 | J18 |
| Bendigo St. BT6 | 21 | Q17 |
| Benmore Ct. BT10 | 25 | F24 |
| Benmore Dr. BT10 | 25 | F24 |
| Bennett Dr. BT14 | 14 | L11 |
| *Brookvale Av.* |
| Benraw Gdns. BT11 | 24 | E20 |
| *Benraw Rd.* |
| Benraw Grn. BT11 | 24 | E20 |
| Benraw Rd. BT11 | 24 | E20 |
| Benraw Ter. BT11 | 24 | E20 |
| *Benraw Rd.* |
| Bentham Dr. BT12 | 19 | K17 |
| Bentinck St. BT15 | 14 | N12 |
| Benview Av. BT14 | 13 | G8 |
| Benview Dr. BT14 | 13 | G9 |
| Benview Par. BT14 | 13 | G8 |
| Benview Pk. BT14 | 13 | G9 |
| Benwee Pk. BT11 | 24 | B22 |
| Beresford St. BT13 | 19 | K14 |
| Berlin St. BT13 | 19 | J14 |
| **Berry St. BT1** | **30** | **D2** |
| Berry St. BT1 | 20 | M15 |
| Berwick Rd. BT14 | 13 | H11 |
| Bethany St. BT4 | 22 | V16 |
| Beverley St. BT13 | 19 | K15 |
| Bilston Rd. BT14 | 13 | H13 |
| Bingnian Dr. BT11 | 24 | D20 |
| Bingnian Way BT11 | 24 | D21 |
| Birch Dr., Hol. BT18 | 11 | AA6 |
| Black Mountain Gro. BT13 | 18 | F15 |
| Black Mountain Par. BT13 | 18 | F15 |
| Black Mountain Pk. BT13 | 18 | F15 |
| Black Mountain Pl. BT13 | 18 | F15 |
| Black Mountain Wk. BT13 | 18 | F14 |
| Black Mountain Way BT13 | 18 | F15 |
| Blacks Ct. BT11 | 24 | B23 |
| Blacks Rd. BT10 | 24 | C23 |
| Blacks Rd. BT11 | 24 | B23 |
| Blackstaff Rd. BT11 | 25 | F20 |
| Blackstaff Way BT11 | 25 | G20 |
| Blackwater Way BT12 | 19 | K17 |
| *Brassey St.* |
| Blackwood St. BT7 | 26 | N20 |
| Bladon Ct. BT9 | 26 | L23 |
| Bladon Dr. BT9 | 26 | K22 |
| Bladon Pk. BT9 | 26 | K22 |
| Blakeley Ter. BT12 | 20 | L17 |
| *Rowland Way* |
| Blaney St. BT13 | 19 | K13 |
| *Crimea St.* |
| Bleach Grn. BT14 | 13 | F8 |
| Bleach Grn. Ct. BT12 | 18 | E17 |
| Bleach Grn. Ter. BT12 | 18 | E17 |
| *Bleach Grn. Ct.* |
| Blenheim Dr. BT6 | 28 | T19 |
| Blondin St. BT12 | 19 | L18 |
| Bloomdale St. BT5 | 21 | T16 |
| Bloomfield Av. BT5 | 21 | T16 |
| Bloomfield Ct. BT5 | 21 | S16 |
| Bloomfield Cres. BT5 | 21 | S16 |
| Bloomfield Dr. BT5 | 21 | S16 |

33

| Street | Postcode | Grid | | Street | Postcode | Grid | | Street | Postcode | Grid | | Street | Postcode | Grid |
|---|---|---|---|---|---|---|---|---|---|---|---|---|---|---|
| Bloomfield Gdns. | BT5 | 21 T17 | | Britannic Pk. | BT12 | 30 A6 | | Cadogan Pk. | BT9 | 25 J20 | | Casaeldona Cres. | | 28 U21 |
| Bloomfield Par. | BT5 | 21 S16 | | Britannic Pk. | BT12 | 20 L17 | | Cadogan St. | BT7 | 26 N19 | | BT6 | | |
| Bloomfield Pk. | BT5 | 21 T17 | | Britannic Ter. | BT12 | 20 L17 | | Cairnburn Av. | BT4 | 22 X13 | | Casaeldona Dr. | BT6 | 28 U20 |
| Bloomfield Pk. W. | | 21 T17 | | *Rowland Way* | | | | Cairnburn Cres. | BT4 | 22 X13 | | *Casaeldona Ri.* | | |
| BT5 | | | | Brittons Ct. | BT12 | 19 G17 | | Cairnburn Dell | BT4 | 22 X13 | | Casaeldona Gdns. | | 28 V20 |
| Bloomfield Rd. | BT5 | 21 T16 | | Brittons Dr. | BT12 | 18 F17 | | *Cairnburn Cres.* | | | | BT6 | | |
| Bloomfield St. | BT5 | 21 S16 | | Brittons La. | BT12 | 19 G15 | | Cairnburn Dr. | BT4 | 22 X13 | | Casaeldona Pk. | BT6 | 28 U20 |
| **Blythe St.** | **BT12** | **30 A6** | | Brittons La. | BT13 | 19 G15 | | Cairnburn Gdns. | BT4 | 22 X13 | | Casaeldona Ri. | BT6 | 28 U20 |
| Blythe St. | BT12 | 20 L17 | | Brittons Par. | BT12 | 19 G17 | | Cairnburn Gra. | BT4 | 22 X14 | | Castle Arc. | BT1 | 20 M15 |
| Bombay St. | BT13 | 19 J15 | | Broadway | BT12 | 19 H17 | | Cairnburn Pk. | BT4 | 22 X13 | | *Castle La.* | | |
| **Bond St.** | **BT7** | **31 F5** | | Broadway Ct. | BT12 | 19 H17 | | Cairnburn Rd. | BT4 | 22 X14 | | Castle Av. | BT15 | 9 M7 |
| Bond St. | BT7 | 20 N17 | | *Broadway* | | | | Cairns, The | BT4 | 22 W15 | | Castle Chambers | BT1 | 20 M15 |
| Boodles Hill | BT14 | 12 E9 | | Broadway Par, | BT12 | 19 J18 | | Cairns St. | BT12 | 19 J16 | | *Rosemary St.* | | |
| *Mountainhill Rd.* | | | | Bromley St. | BT13 | 19 J13 | | Cairo St. | BT7 | 26 N19 | | Castle Ct. | BT6 | 28 V20 |
| Boodles La. | BT14 | 12 E8 | | Brompton Pk. | BT14 | 13 H12 | | Caledon Ct. | BT13 | 19 H14 | | Castle Dr. | BT15 | 9 M7 |
| Bootle St. | BT13 | 19 J13 | | Brook Meadow | BT5 | 29 Z19 | | Caledon St. | BT13 | 19 H14 | | Castle Gdns. | BT15 | 9 M7 |
| **Botanic Av.** | **BT7** | **30 C6** | | Brook St., Hol. | BT18 | 11 AA6 | | California Clo. | BT13 | 20 L14 | | **Castle La.** | **BT1** | **30 D2** |
| Botanic Av. | BT7 | 20 M17 | | Brooke Clo. | BT11 | 24 C23 | | *North Boundary St.* | | | | Castle La. | BT1 | 20 M15 |
| Botanic Ct. | BT7 | 26 M19 | | Brooke Ct. | BT11 | 24 C23 | | Callan Way | BT6 | 27 R21 | | Castle Ms. | BT6 | 28 V20 |
| *Agincourt Av.* | | | | Brooke Cres. | BT11 | 24 C23 | | **Callender St.** | **BT1** | **30 D2** | | Castle Pk. | BT15 | 8 K7 |
| Boucher Cres. | BT12 | 25 H19 | | Brooke Dr. | BT11 | 24 C23 | | Callender St. | BT1 | 20 M15 | | **Castle Pl.** | **BT1** | **30 D2** |
| Boucher Pl. | BT12 | 25 H20 | | Brooke Manor | BT11 | 24 C23 | | Calvin St. | BT5 | 21 R16 | | Castle Pl. | BT1 | 20 M15 |
| Boucher Rd. | BT9 | 25 G21 | | Brooke Pk. | BT10 | 24 C23 | | Camberwell Ter. | | 14 L11 | | **Castle St.** | **BT1** | **30 C2** |
| Boucher Rd. | BT12 | 25 G21 | | Brookfield Pl. | BT14 | 13 J12 | | BT15 | | | | Castle St. | BT1 | 20 M15 |
| Boucher Way | BT12 | 25 H19 | | Brookfield St. | BT14 | 13 J12 | | Cambourne Pk. | BT9 | 25 H24 | | Castlehill Dr. | BT4 | 23 Y15 |
| **Boundary St.** | **BT13** | **30 A1** | | *Herbert St.* | | | | Cambrai Ct. | BT13 | 19 H14 | | Castlehill Manor | BT4 | 23 Z15 |
| Boundary St. | BT13 | 20 L15 | | Brookfield Wk. | BT14 | 13 H12 | | Cambrai St. | BT13 | 19 H13 | | Castlehill Pk. | BT4 | 23 Y15 |
| Boundary Wk. | BT13 | 20 L14 | | Brookhill Av. | BT14 | 14 L12 | | Cambridge St. | BT15 | 14 N12 | | Castlehill Pk. W. | BT4 | 23 Y15 |
| Boundary Way | BT13 | 20 L14 | | Brookland St. | BT9 | 25 J20 | | *Canning St.* | | | | Castlehill Rd. | BT4 | 23 Y15 |
| Bowness St. | BT13 | 19 J13 | | Brookmill Way | BT14 | 13 F9 | | Camden St. | BT9 | 26 L18 | | Castlekaria Manor | | 23 Z15 |
| **Boyd St.** | **BT13** | **30 B1** | | Brookmount Gdns. | | 19 J14 | | Cameron St. | BT7 | 20 M18 | | BT4 | | |
| Boyd St. | BT13 | 20 L15 | | BT13 | | | | Cameronian Dr. | BT5 | 28 T19 | | Castlemore Av. | BT6 | 28 U21 |
| **Boyne Bri.** | **BT12** | **30 B4** | | *Lawnbrook Av.* | | | | Camlough Pl. | BT6 | 28 U20 | | Castlemore Pk. | BT6 | 28 U21 |
| Boyne Bri. | BT12 | 20 L16 | | Brookmount St. | BT13 | 19 J14 | | Campbell Ct. | BT4 | 22 W15 | | Castleorr Manor | BT4 | 23 Z15 |
| **Boyne Ct.** | **BT12** | **30 B5** | | Brookvale Av. | BT14 | 14 L11 | | Campbell Pk. Av. | BT4 | 22 W15 | | Castlereagh Par. | BT5 | 21 S17 |
| Boyne Ct. | BT12 | 20 L17 | | Brookvale Dr. | BT14 | 14 L11 | | Canada St. | BT6 | 21 Q17 | | Castlereagh Pl. | BT5 | 21 R17 |
| *Rowland Way* | | | | Brookvale Par. | BT14 | 14 L11 | | Candahar St. | BT7 | 26 N20 | | Castlereagh Rd. | BT5 | 21 R17 |
| Bradbury Pl. | BT7 | 20 M18 | | Brookvale St. | BT14 | 14 K11 | | Canmore Ct. | BT13 | 19 J15 | | Castlereagh St. | BT5 | 21 R16 |
| Bradford Pl. | BT8 | 27 P23 | | Brookville Ct. | BT14 | 14 L11 | | *Canmore St.* | | | | Castleton Av. | BT15 | 14 N11 |
| *Church Rd.* | | | | Broom St. | BT13 | 19 H13 | | Canmore St. | BT13 | 19 J15 | | *York Rd.* | | |
| Bradford Sq. | BT1 | 20 N14 | | Broomhill Clo. | BT9 | 26 K22 | | Canning Pl. | BT15 | 14 N12 | | Castleton Gdns. | | 14 L11 |
| *Steam Mill La.* | | | | Broomhill Ct. | BT9 | 26 K22 | | *Canning St.* | | | | BT15 | | |
| Bradys La. | BT13 | 20 L14 | | Broomhill Manor | BT9 | 26 K22 | | Canning St. | BT15 | 14 N12 | | Castleview Cottage | | 23 Z17 |
| *Boundary St.* | | | | *Stranmillis Rd.* | | | | Cannings Ct. | BT13 | 19 K14 | | Gdns. BT5 | | |
| Brae Hill Cres. | BT14 | 13 G8 | | Broomhill Pk. | BT9 | 26 K22 | | *Shankill Rd.* | | | | Castleview Ct. | BT5 | 28 V20 |
| Brae Hill Link | BT14 | 13 G9 | | Broomhill Pk. Cen. | | 26 L22 | | Canterbury St. | BT7 | 20 N18 | | Castleview Rd. | BT5 | 23 Z16 |
| *Brae Hill Rd.* | | | | BT9 | | | | Canton Ct. | BT8 | 21 R17 | | Castleview Ter. | BT4 | 22 V14 |
| Brae Hill Par. | BT14 | 13 G8 | | Brougham St. | BT15 | 14 N12 | | *Willowfield St.* | | | | **Catherine St.** | **BT2** | **31 E4** |
| Brae Hill Pk. | BT14 | 13 G9 | | Broughton Gdns. | | 27 Q19 | | Cappagh Gdns. | BT6 | 27 R21 | | Catherine St. | BT2 | 20 N16 |
| Brae Hill Rd. | BT14 | 13 G9 | | BT6 | | | | *South Bk.* | | | | **Catherine St. N.** | **BT2** | **31 E3** |
| Brae Hill Way | BT14 | 13 G9 | | Broughton Pk. | BT6 | 27 Q19 | | Cappy St. | BT6 | 21 Q17 | | Catherine St. N. | BT2 | 20 N16 |
| Braemar St. | BT12 | 19 H17 | | Brown Sq. | BT13 | 20 L14 | | Capstone St. | BT9 | 25 H21 | | Cavanmore Gdns. | | 24 C21 |
| Braeside Gro. | BT5 | 28 W20 | | **Brown St.** | **BT13** | **30 B1** | | Cardigan Dr. | BT14 | 14 K10 | | BT11 | | |
| Bramcote St. | BT5 | 21 T17 | | Brown St. | BT13 | 20 L15 | | Carew St. | BT4 | 21 S15 | | Cavehill Dr. | BT15 | 8 L8 |
| Brandon Par. | BT4 | 21 T14 | | Browns Row | BT1 | 20 N14 | | Cargill St. | BT13 | 20 L14 | | Cavehill Rd. | BT15 | 8 K8 |
| Brandon Ter. | BT4 | 21 T15 | | *Academy St.* | | | | Carlingford St. | BT6 | 21 R18 | | Cavendish Ct. | BT12 | 19 H15 |
| Brandra St. | BT4 | 21 T15 | | **Bruce St.** | **BT2** | **30 C5** | | Carlisle Circ. | BT14 | 20 L13 | | Cavendish Sq. | BT12 | 19 J16 |
| Braniel Cres. | BT5 | 28 W20 | | Bruce St. | BT2 | 20 M17 | | Carlisle Par. | BT15 | 20 M13 | | Cavendish St. | BT12 | 19 H16 |
| Braniel Pk. | BT5 | 28 W20 | | Brucevale Ct. | BT14 | 14 L12 | | Carlisle Rd. | BT15 | 20 M13 | | Cawnpore St. | BT13 | 19 J15 |
| Braniel Way | BT5 | 28 W20 | | Brucevale Pk. | BT14 | 14 L12 | | Carlisle Sq. | BT15 | 20 M13 | | Cedar Av. | BT15 | 14 L10 |
| Brantwood St. | BT15 | 14 M11 | | **Brunswick St.** | **BT2** | **30 C3** | | *Carlisle Ter.* | | | | Cedar Gro., Hol. | | 17 Y11 |
| Brassey St. | BT12 | 19 K17 | | Brunswick St. | BT2 | 20 M16 | | Carlisle St. | BT13 | 20 L13 | | BT18 | | |
| Bray Clo. | BT13 | 13 H12 | | Bruslee Way | BT15 | 20 M13 | | Carlisle Ter. | BT15 | 20 M13 | | Central Av. | BT15 | 14 L9 |
| Bray Ct. | BT13 | 13 H12 | | Brussels St. | BT13 | 19 J14 | | Carlisle Wk. | BT15 | 20 M13 | | Centurion St. | BT13 | 19 J14 |
| *Bray Clo.* | | | | Bryansford Pl. | BT6 | 21 R17 | | *Carlisle Ter.* | | | | Centurion Way | BT13 | 19 J14 |
| Bray St. | BT13 | 19 H13 | | Bryson St. | BT5 | 21 Q15 | | Carlow St. | BT13 | 19 K15 | | *Lawnbrook Av.* | | |
| Bread St. | BT12 | 19 K15 | | *Mountpottinger Rd.* | | | | Carmel St. | BT7 | 20 M18 | | Century St. | BT14 | 19 K13 |
| Breda Av. | BT8 | 27 Q24 | | Bryson Gdns. | BT5 | 21 Q15 | | Carn End, Hol. | BT18 | 11 Z7 | | Ceylon St. | BT13 | 19 H14 |
| Breda Cres. | BT8 | 27 Q24 | | *Mountpottinger Rd.* | | | | Carnalea Pl. | BT15 | 14 N12 | | Chadolly St. | BT4 | 21 R15 |
| Breda Dr. | BT8 | 27 Q24 | | Bryson St. | BT5 | 21 Q15 | | Carnamena Av. | BT6 | 28 T20 | | Chadwick St. | BT9 | 25 J19 |
| Breda Gdns. | BT8 | 27 Q24 | | Burmah St. | BT7 | 26 N19 | | Carnamena Gdns. | | 28 T20 | | Chamberlain St. | BT5 | 21 R16 |
| Breda Par. | BT8 | 27 Q24 | | Burnaby Ct. | BT12 | 19 K16 | | BT6 | | | | **Chambers St.** | **BT7** | **30 C6** |
| Breda Pk. | BT8 | 27 Q24 | | *Distillery St.* | | | | Carnamena Pk. | BT6 | 28 T21 | | Chambers St. | BT7 | 20 M17 |
| Brenda Pk. | BT11 | 24 D21 | | Burnaby Pk. | BT12 | 19 K16 | | Carnan St. | BT13 | 19 J14 | | Channing St. | BT5 | 21 S18 |
| Brenda St. | BT5 | 21 S17 | | *Distillery Ct.* | | | | Carnanmore Gdns. | | 24 B23 | | **Chapel La.** | **BT1** | **30 C2** |
| Brentwood Pk. | BT5 | 28 V20 | | Burnaby Pl. | BT12 | 19 K16 | | BT11 | | | | Chapel La. | BT1 | 20 M15 |
| Brianville Pk. | BT14 | 8 J8 | | Burnaby Way | BT12 | 19 K16 | | *Carnanmore Pk.* | | | | **Charles St. S.** | **BT12** | **30 B5** |
| Briarwood Pk. | BT5 | 29 Z19 | | *Burnaby Pl.* | | | | Carncaver Rd. | BT6 | 28 U20 | | Charles St. S. | BT12 | 20 L17 |
| **Bridge End** | **BT5** | **31 G2** | | Burntollet Way | BT5 | 27 R21 | | Carncoole Pk. | BT14 | 8 J7 | | Charleville Av. | BT9 | 25 J21 |
| Bridge End | BT5 | 20 P15 | | Burren Way | BT6 | 27 R20 | | Carney Cres. | BT6 | 28 U20 | | Charleville Rd. | BT13 | 19 K13 |
| Bridge End Flyover | | 21 Q15 | | Bute St. | BT15 | 14 N11 | | Carnforth St. | BT5 | 21 R16 | | **Charlotte St.** | **BT7** | **31 E5** |
| BT4 | | | | Butler Pl. | BT14 | 13 H12 | | Carnmore Pl. | BT12 | 18 E16 | | Charlotte St. | BT7 | 20 N17 |
| Bridge End Flyover | | 21 Q15 | | Butler St. | BT14 | 13 J12 | | Charnwood Av. | BT15 | 14 L9 | | | | |
| BT5 | | | | Butler Wk. | BT14 | 13 H12 | | *Whiterock Rd.* | | | | Charnwood Ct. | BT15 | 14 L9 |
| **Bridge St.** | **BT1** | **31 E1** | | Byron Pl. Ms., Hol. | | 11 Z6 | | Carnnamona Ct. | BT11 | 24 D19 | | Charters Av. | BT5 | 29 Z19 |
| Bridge St. | BT1 | 20 N15 | | BT18 | | | | Carolan Rd. | BT7 | 27 Q21 | | Chater St. | BT4 | 21 S15 |
| Bright St. | BT5 | 21 R16 | | | | | | Carolhill Dr. | BT4 | 22 V14 | | *Tamar St.* | | |
| *Hornby St.* | | | | | | | | Carolhill Gdns. | BT4 | 22 V13 | | Chatsworth St. | BT5 | 21 R16 |
| Brighton St. | BT12 | 19 H17 | | **C** | | | | Carolhill Pk. | BT4 | 22 V14 | | Chelsea St. | BT4 | 21 S15 |
| Bristol Av. | BT15 | 9 M7 | | Cabin Hill Gdns. | BT5 | 23 Y17 | | Carolina St. | BT13 | 19 J14 | | Cheltenham Gdns. | | 27 Q22 |
| Bristow Dr. | BT5 | 29 AA19 | | Cabin Hill Ms. | BT5 | 23 Y16 | | Carrick Hill | BT1 | 20 M15 | | BT6 | | |
| Bristow Pk. | BT9 | 25 H23 | | Cabin Hill Pk. | BT5 | 22 X17 | | Carrington St. | BT6 | 21 Q17 | | Cheltenham Pk. | BT6 | 27 Q22 |
| Britannic Dr. | BT12 | 20 L17 | | Cable Clo. | BT4 | 21 R15 | | Carr's Glen Pk. | BT14 | 14 G8 | | Chemical St. | BT5 | 21 Q15 |
| *Rowland Way* | | | | *Newtownards Rd.* | | | | *Ballysillan Pk.* | | | | Cherryhill | BT9 | 26 L20 |

| Name | | | | Name | | | | Name | | | | Name | | | |
|---|---|---|---|---|---|---|---|---|---|---|---|---|---|---|---|
| Cherrytree BT5 | 23 | Y18 | | Clarawood Gro. BT5 | 22 | V18 | | Clovelly St. BT12 | 19 | G15 | | Cooke Pl. BT7 | 20 | N18 | |
| Cherryvalley BT5 | 22 | X17 | | Clarawood Pk. BT5 | 22 | V18 | | Cloverhill Gdns. BT4 | 23 | Z14 | | Cooke Ms. | | | |
| Cherryvalley Gdns. BT5 | 23 | Y18 | | Clarawood Wk. BT5 | 22 | V18 | | Cloverhill Pk. BT4 | 23 | Z14 | | Cooke St. BT7 | 20 | N18 | |
| Cherryvalley Grn. BT5 | 22 | X18 | | Clara Way | | | | Clowney St. BT12 | 19 | H16 | | Cooldarragh Pk. BT14 | 8 | K8 | |
| | | | | Clare Gdns. BT14 | 13 | G8 | | Cluain Mor Av. BT12 | 19 | H15 | | Cooldarragh Pk. N. BT14 | 8 | K8 | |
| Cherryvalley Pk. BT5 | 22 | X18 | | Clare Glen BT14 | 13 | G8 | | Cluain Mor Clo. BT12 | 19 | G16 | | Coolfin St. BT12 | 19 | K18 | |
| Cherryvalley Pk. W. BT5 | 22 | X18 | | Clare Hts. BT14 | 13 | G8 | | Cluain Mor Dr. BT12 | 19 | G16 | | Coolmore St. BT12 | 19 | K18 | |
| Cherryville St. BT6 | 21 | Q17 | | Clare Hill BT14 | 13 | G8 | | Cluain Mor La. BT12 | 19 | H16 | | Coolmoyne Pk. BT15 | 8 | L7 | |
| Chesham Cres. BT6 | 21 | R18 | | Clarehill La., Hol. BT18 | 17 | Z9 | | Cluain Mor Pk. BT12 | 19 | G16 | | Coolnasilla Av. BT11 | 24 | D19 | |
| Chesham Dr. BT6 | 27 | Q19 | | Clarehill Ms., Hol. BT18 | 11 | Y6 | | Cluan Pl. BT5 | 21 | Q18 | | Coolnasilla Clo. BT11 | 24 | D19 | |
| Chesham Gdns. BT6 | 27 | R19 | | Claremont Ms. BT9 | 20 | L18 | | Clyde Ct. BT5 | 21 | Q16 | | Coolnasilla Dr. BT11 | 24 | D19 | |
| Ardenlee Gdns. | | | | Claremont Rd., Hol. | 11 | BB6 | | Coars La. BT1 | 20 | N14 | | Coolnasilla Gdns. BT11 | 24 | D19 | |
| Chesham Gro. BT6 | 21 | Q18 | | BT18 | | | | Curtis St. | | | | | | | |
| Chesham Par. BT6 | 27 | Q19 | | Claremont St. BT9 | 20 | L18 | | Coburg St. BT6 | 21 | Q17 | | Coolnasilla Pk. BT11 | 24 | D19 | |
| Chesham Pk. BT6 | 21 | Q18 | | Clarence Pl. Ms. BT1 | 20 | N16 | | Colchester Pk. BT12 | 19 | K17 | | Coolnasilla Pk. E. BT11 | 24 | D20 | |
| Chesham Ter. BT6 | 27 | R19 | | Upper Arthur St. | | | | Abingdon Dr. | | | | | | | |
| Ardenlee Gdns. | | | | Clarence St. BT2 | 30 | D4 | | Colenso Ct. BT9 | 26 | M19 | | Coolnasilla Pk. S. BT11 | 24 | D20 | |
| Chesterfield Pk. BT6 | 27 | Q22 | | Clarence St. BT2 | 20 | M16 | | Colenso Par. BT9 | 26 | M19 | | Coolnasilla Pk. W. BT11 | 24 | D20 | |
| Chestnut Gdns. BT14 | 14 | K11 | | Clarence St. W. BT2 | 20 | M16 | | Coles All. BT1 | 20 | N15 | | | | | |
| Cheviot Av. BT4 | 21 | T15 | | Bedford St. | | | | Colinpark St. BT12 | 19 | H15 | | Coombehill Pk. BT14 | 8 | H8 | |
| Cheviot St. BT4 | 21 | T15 | | Clarendon Av. BT5 | 21 | T17 | | Colinton Gdns., New. BT36 | 9 | M4 | | Cooneen Way BT6 | 27 | R20 | |
| Chichester Av. BT15 | 8 | L8 | | Clarendon Dock BT1 | 20 | N14 | | | | | | Copperfield St. BT15 | 14 | M12 | |
| Chichester Clo. BT15 | 8 | L8 | | Corporation St. | | | | Colinview St. BT12 | 19 | H15 | | Corby Way BT11 | 24 | D20 | |
| Chichester St. BT15 | 8 | L8 | | Clarendon Rd. BT1 | 20 | N14 | | Colinward St. BT12 | 19 | H15 | | Cormorant Pk. BT5 | 28 | W20 | |
| Chichester Gdns. BT15 | 8 | L8 | | Clarkes La. BT1 | 20 | M14 | | College Ct. BT1 | 30 | C2 | | Corn Mkt. BT1 | 31 | E2 | |
| Antrim Rd. | | | | Curtis St. | | | | College Ct. BT1 | 20 | M15 | | Corn Mkt. BT1 | 20 | N15 | |
| Chichester Ms. BT15 | 14 | L9 | | Cleaver Av. BT9 | 26 | K21 | | College Gdns. BT9 | 20 | L18 | | Coronation Ct. BT15 | 14 | N14 | |
| Central Av. | | | | Cleaver Ct. BT9 | 26 | K21 | | College Grn. BT7 | 20 | M18 | | Little York St. | | | |
| Chichester Pk. N. BT15 | 8 | L8 | | Cleaver Gdns. BT9 | 26 | L21 | | College Grn. Ms. BT7 | 20 | M18 | | Corporation Sq. BT1 | 20 | N14 | |
| | | | | Cleaver Pk. BT9 | 26 | K21 | | College Pk. BT7 | 20 | M18 | | Corporation St. BT1 | 20 | N14 | |
| Chichester Pk. S. BT15 | 14 | L9 | | Clementine Dr. BT12 | 30 | A6 | | College Pk. Av. BT9 | 26 | M19 | | Corrib Av. BT11 | 24 | B21 | |
| | | | | Clementine Dr. BT12 | 20 | L17 | | College Pk. E. BT7 | 26 | M19 | | Corry Link BT3 | 20 | P13 | |
| Chichester Rd. BT15 | 8 | L8 | | Clementine Gdns. BT12 | 20 | L17 | | College Pl. N. BT1 | 20 | L15 | | Corry Pl. BT3 | 20 | P13 | |
| Chichester St. BT1 | 31 | E3 | | Rowland Way | | | | College Sq. N. | | | | Corry Rd. BT3 | 20 | P13 | |
| Chichester St. BT1 | 20 | N16 | | Clementine Dr. BT12 | 20 | L17 | | College Sq. E. BT1 | 30 | C2 | | Cosgrave Ct. BT15 | 14 | M12 | |
| Chief St. BT13 | 19 | H13 | | Clementine Dr. | | | | College Sq. E. BT1 | 20 | M15 | | Mervue St. | | | |
| Chlorine Gdns. BT9 | 26 | L19 | | Clements St. BT13 | 20 | L14 | | College Sq. N. BT1 | 30 | B2 | | Cosgrave Hts. BT15 | 14 | M12 | |
| Chobham St. BT5 | 21 | T16 | | Malvern St. | | | | College Sq. N. BT1 | 20 | L15 | | Cosgrave St. BT15 | 14 | N12 | |
| Christian Pl. BT12 | 19 | K15 | | Clermont La. BT6 | 21 | Q16 | | College St. BT1 | 30 | C2 | | Court St. BT13 | 20 | L13 | |
| Church Av., Hol. BT18 | 11 | AA6 | | Woodstock Link | | | | College St. BT1 | 20 | M15 | | Courtrai St. BT13 | 19 | J13 | |
| | | | | Clifton Cres. BT14 | 14 | K12 | | College St. Ms. BT1 | 20 | M15 | | Mill St. W. | | | |
| Church Grn., Hol. BT18 | 11 | AA6 | | Clifton Dr. BT14 | 14 | K12 | | College St. | | | | Coyle St. BT7 | 31 | E6 | |
| Spencer St. | | | | Clifton St. BT13 | 20 | M14 | | Colligan St. BT13 | 19 | J16 | | Coyle St. BT7 | 20 | N17 | |
| Church Hill, Hol. BT18 | 11 | AA6 | | Cliftondene Cres. BT14 | 13 | H10 | | Collin Gdns. BT11 | 24 | D20 | | Coyle's Pl. BT7 | 20 | N17 | |
| | | | | Cliftondene Gdns. BT14 | 13 | H10 | | South Grn. | | | | Coyle St. | | | |
| Church La. BT1 | 31 | E1 | | Cliftondene Pk. BT14 | 13 | H10 | | Collingwood Av. BT7 | 26 | N19 | | Craigmore Way BT7 | 20 | M17 | |
| Church La. BT1 | 20 | N15 | | Cliftonpark Av. BT14 | 19 | K13 | | Collingwood Rd. BT7 | 26 | N19 | | Apsley St. | | | |
| Church Rd. BT6 | 28 | U22 | | Cliftonville Av. BT14 | 14 | L12 | | Collyer St. BT15 | 14 | M12 | | Craigs Ter. BT13 | 19 | K14 | |
| Church Rd. BT8 | 27 | P23 | | Cliftonville Dr. BT14 | 14 | K11 | | Columbia St. BT13 | 19 | J13 | | Dundee St. | | | |
| Church Rd., Hol. BT18 | 11 | AA6 | | Cliftonville Par. BT14 | 14 | K11 | | Ohio St. | | | | Craigtara, Hol. BT18 | 11 | Z7 | |
| | | | | Cliftonville Rd. BT14 | 13 | J10 | | Colvil St. BT4 | 22 | U15 | | Cranbrook Rd. BT14 | 13 | H11 | |
| Church St. BT1 | 30 | D1 | | Cliftonville St. BT14 | 14 | K11 | | Comber Ct. BT5 | 21 | Q15 | | Cranbrook Gdns. BT14 | 13 | H11 | |
| Church St. BT1 | 20 | M15 | | Cloghan Cres. BT5 | 23 | AA16 | | Mountforde Rd. | | | | | | | |
| Church Vw., Hol. BT18 | 11 | Z6 | | Cloghan Gdns. BT5 | 23 | AA16 | | Comber Gdns. BT5 | 21 | Q15 | | Cranburn Pl. BT14 | 20 | L13 | |
| | | | | Cloghan Pk. BT5 | 23 | AA16 | | Mountforde Rd. | | | | Lincoln Av. | | | |
| Church Vw. Ms., Hol. BT18 | 11 | AA6 | | Clonallon Ct. BT4 | 22 | V15 | | Combermere St. BT12 | 20 | M17 | | Cranmore Av. BT14 | 13 | L13 | |
| | | | | Clonallon Gdns. BT4 | 22 | V15 | | Stroud St. | | | | Cranmore Av. BT9 | 25 | J21 | |
| Church Wynd BT5 | 29 | Z19 | | Clonallon Pk. BT4 | 22 | V15 | | Commedagh Dr. BT11 | 24 | E20 | | Cranmore Gdns. BT9 | 25 | J21 | |
| Churchill St. BT15 | 20 | M13 | | Clonard Ct. BT13 | 19 | J15 | | | | | | Cranmore Pk. BT9 | 25 | J21 | |
| Churchland Clo., Hol. BT18 | 17 | X11 | | Clonard Hts. | | | | Commercial Ct. BT1 | 20 | N15 | | Craven St. BT13 | 19 | K14 | |
| | | | | Clonard Cres. BT13 | 19 | J15 | | Donegall St. | | | | Rumford St. | | | |
| Churchview Ct. BT14 | 14 | K12 | | Clonard Gdns. BT13 | 19 | J15 | | Commercial Ct. BT1 | 20 | N15 | | Crawford Pk. BT6 | 28 | V21 | |
| Glenview St. | | | | Clonard Hts. BT13 | 19 | J15 | | Hill St. | | | | Creeslough Gdns. BT11 | 24 | B21 | |
| Cicero Gdns. BT6 | 28 | T19 | | Clonard Pl. BT13 | 19 | J15 | | Coniston Clo. BT13 | 19 | J13 | | Creeve Wk. BT11 | 24 | E20 | |
| Circular Rd. BT4 | 22 | V14 | | Clonard Ri. BT13 | 19 | J15 | | Connaught St. BT12 | 19 | K17 | | Creevy Av. BT5 | 29 | X20 | |
| City Wk. BT12 | 30 | B5 | | Clonard Hts. | | | | Conneywarren La. BT14 | 13 | F8 | | Creevy Way BT5 | 29 | X19 | |
| City Wk. BT12 | 20 | L17 | | Clonard St. BT13 | 19 | J15 | | Wolfend St. | | | | Cregagh Ct. BT6 | 27 | S19 | |
| City Way BT12 | 30 | A5 | | Clonaver Cres. N. BT4 | 22 | V14 | | Connsbank Rd. BT3 | 21 | S14 | | Cregagh Pk. BT6 | 27 | S21 | |
| City Way BT12 | 20 | L17 | | Clonaver Cres. S. BT4 | 22 | V14 | | Connsbrook Av. BT4 | 21 | T15 | | Cregagh Pk. E. BT6 | 27 | S21 | |
| Clanbrassil Rd., Hol. BT18 | 11 | BB4 | | Clonaver Dr. BT4 | 22 | V14 | | Connsbrook Dr. BT4 | 21 | T14 | | Cregagh Rd. BT6 | 21 | R18 | |
| Clanbrassil Ter., Hol. BT18 | 11 | BB4 | | Clonaver Gdns. BT4 | 22 | V14 | | Connsbrook Pk. BT4 | 21 | T14 | | Cregagh St. BT6 | 21 | R18 | |
| | | | | Clonaver Pk. BT4 | 22 | V14 | | Connswater Gro. BT4 | 21 | S15 | | Crescent, The, Hol. BT18 | 11 | AA5 | |
| Clanchattan St. BT15 | 14 | M11 | | Clondara Par. BT12 | 19 | G18 | | Connswater Link BT5 | 21 | S16 | | | | | |
| Clandeboye Dr. BT15 | 21 | Q16 | | Clondara St. BT12 | 19 | G18 | | Connswater Ms. BT4 | 21 | S15 | | Crescent Av. BT14 | 20 | L13 | |
| Clandeboye Gdns. BT5 | 21 | Q16 | | Clonduff Dr. BT6 | 28 | U20 | | Connswater St. BT4 | 21 | S15 | | Crescent La. BT7 | 20 | M18 | |
| Clandeboye St. BT5 | 21 | S17 | | Clonelly Av. BT11 | 24 | C20 | | Conor Ri. BT14 | 24 | C21 | | Lower Cres. | | | |
| Clanmorris St. BT15 | 14 | N12 | | Clonfaddan Cres. BT12 | 30 | A2 | | Constance St. BT5 | 21 | R16 | | Cricklewood Cres. BT9 | 26 | M22 | |
| Clanroy Par. BT4 | 22 | U15 | | Clonfaddan Cres. BT12 | 20 | L15 | | Convention Ct. BT4 | 21 | R15 | | | | | |
| Clara Av. BT5 | 21 | T17 | | Clonfaddan St. BT12 | 30 | A2 | | Convention Wk. BT4 | 21 | R15 | | Cricklewood Pk. BT9 | 26 | M22 | |
| Clara Cres. Lwr. BT5 | 21 | T17 | | Clonfaddan St. BT12 | 20 | L15 | | Newtownards Rd. | | | | Crimea Clo. BT13 | 19 | K14 | |
| Clara Cres. Upper BT5 | 21 | T17 | | Clonlee Dr. BT4 | 22 | U16 | | Conway Ct. BT13 | 19 | J14 | | Crimea Ct. BT13 | 19 | K14 | |
| Clara Rd. BT4 | 22 | V17 | | Cloreen Pk. BT9 | 26 | L19 | | Conway Link BT13 | 19 | J15 | | Crimea St. BT13 | 19 | K14 | |
| Clara St. BT5 | 22 | V17 | | Close, The, Hol. BT18 | 11 | BB4 | | Conway Sq. BT13 | 19 | K15 | | Croaghan Gdns. BT11 | 24 | E20 | |
| Clara Way BT5 | 22 | V17 | | Closnamona Ct. BT11 | 24 | E19 | | Conway Link | | | | Crocus St. BT12 | 19 | J16 | |
| Clarawood Cres. BT5 | 22 | V18 | | Aitnamona Cres. | | | | Conway Wk. BT13 | 19 | K14 | | Croft Gdns., Hol. BT18 | 11 | BB5 | |
| Clarawood Dr. BT5 | 22 | V18 | | | | | | Cooke Ct. BT7 | 31 | F6 | | Croft Manor, Hol. BT18 | 11 | BB6 | |
| | | | | | | | | Cooke Ct. BT7 | 20 | N17 | | | | | |
| | | | | | | | | Cooke Ms. BT7 | 20 | N18 | | | | | |

| Name | Col1 | Col2 | Name | Col1 | Col2 | Name | Col1 | Col2 | Name | Col1 | Col2 |
|---|---|---|---|---|---|---|---|---|---|---|---|
| Croft Meadows, Hol. BT18 | 11 | BB5 | Demesne Clo., Hol. BT18 | 11 | AA7 | Donegall Gdns. BT12 | 19 | J18 | Dufferin Rd. BT3 | 15 | P12 |
| Croft Rd., Hol. BT18 | 11 | BB5 | Demesne Gro., Hol. BT18 | 11 | AA7 | Donegall La. BT1 | 20 | M14 | Duffield Pk. BT13 | 18 | F13 |
| Crofton Glen, Hol. BT18 | 11 | BB5 | Demesne Manor, Hol. BT18 | 11 | AA6 | Donegall Pas. BT7 | 29 | J18 | Duke St. BT5 | 21 | Q15 |
| **Cromac Sq. BT2** | **31** | **F4** | Demesne Pk., Hol. BT18 | 11 | AA7 | Donegall Pk. BT10 | 25 | F23 | Susan St. | | |
| Cromac Sq. BT2 | 20 | N16 | Demesne Rd., Hol. BT18 | 11 | Z8 | Donegall Pk. Av. BT15 | 8 | L6 | Dunbar Link BT12 | 20 | N14 |
| **Cromac Sq. BT2** | **31** | **E5** | Denewood Dr. BT11 | 24 | E19 | **Donegall Pas. BT7** | **30** | **C6** | Dunbar St. BT1 | 20 | N14 |
| Cromac St. BT7 | 20 | N17 | Denewood Pk. BT11 | 24 | E19 | Donegall Pas. BT7 | 20 | M17 | Dunblane Av. BT14 | 13 | J10 |
| Cromwell Rd. BT7 | 20 | M18 | Denmark St. BT13 | 20 | L14 | **Donegall Pl. BT1** | **30** | **D2** | Dunboyne Pk. BT13 | 18 | F15 |
| Crosby St. BT13 | 20 | L14 | Dennet End BT6 | 27 | R20 | Donegall Pl. BT1 | 20 | M15 | Duncairn Av. BT14 | 14 | L12 |
| Percy Pl. | | | Denorrton Pk. BT4 | 22 | U14 | Donegall Quay BT1 | 20 | N14 | Duncairn Gdns. BT15 | 14 | M12 |
| Cross Par. BT7 | 27 | P20 | Deramore Av. BT7 | 26 | N21 | Donegall Rd. BT12 | 19 | G17 | Duncairn Par. BT15 | 20 | M13 |
| Crosscollyer St. BT15 | 14 | M12 | Deramore Ct. BT9 | 26 | L23 | **Donegall Sq. E. BT1** | **30** | **D3** | Duncoole Pk. BT14 | 8 | J7 |
| Crossland Ct. BT13 | 19 | J15 | Deramore Pk. S. | | | Donegall Sq. E. BT1 | 20 | M16 | Duncrue Cres. BT3 | 15 | P9 |
| Crossland St. BT13 | 19 | J14 | Deramore Pk. BT9 | 26 | K23 | **Donegall Sq. Ms. BT2** | **30** | **D3** | Duncrue Link BT3 | 15 | P9 |
| Canmore St. | | | Deramore Dr. BT9 | 26 | K23 | Donegall Sq. Ms. | 20 | M16 | Duncrue Pas. BT3 | 15 | P10 |
| Crossley St. BT5 | 21 | R16 | Deramore Gdns. BT7 | 26 | N21 | BT2 | | | Duncrue Pl. BT3 | 15 | P10 |
| Crown Entry BT1 | 20 | N15 | Deramore Pk. BT9 | 26 | K23 | **Donegall Sq. N. BT1** | **30** | **D3** | Duncrue Rd. BT3 | 15 | P10 |
| High St. | | | Deramore Pk. S. BT9 | 26 | K23 | Donegall Sq. N. BT1 | 20 | M16 | Duncrue St. BT3 | 15 | P10 |
| Crumlin Gdns. BT13 | 13 | H12 | Deramore St. BT7 | 27 | P20 | **Donegall Sq. S. BT1** | **30** | **D3** | Dundee St. BT13 | 19 | K14 |
| Crumlin Rd. BT14 | 12 | E7 | Derby Ter. BT12 | 19 | K15 | Donegall Sq. S. BT1 | 20 | M16 | Dundela Av. BT4 | 22 | U15 |
| Crystal St. BT5 | 21 | T16 | Divis St. | | | **Donegall Sq. W. BT1** | **30** | **D3** | Dundela Clo. BT4 | 22 | U15 |
| Cuan Par. BT13 | 19 | H14 | Derlett St. BT7 | 26 | N20 | Donegall Sq. W. BT1 | 20 | M16 | Dundela Cres. | | |
| Cuba Wk. BT4 | 21 | R15 | Dermott Hill Dr. BT12 | 18 | D16 | Donegall St. BT1 | 20 | M14 | Dundela St. BT4 | | |
| McArthur Ct. | | | Dermott Hill Gdns. BT12 | 18 | D16 | Donegall St. Pl. BT1 | 20 | M15 | Dundela Cres. BT4 | 22 | U15 |
| Cullingtree Rd. BT12 | 19 | K16 | Dermott Hill Grn. BT12 | 18 | D16 | Donegall St. | | | Dundela Dr. BT4 | 22 | U15 |
| Culmore Gdns. BT11 | 24 | B20 | Dermott Hill Gro. BT12 | 18 | D16 | Donegore Gdns. BT11 | 24 | B23 | Dundela Flats BT4 | 22 | U15 |
| Cultra St. BT15 | 14 | N12 | Dermott Hill Par. BT12 | 18 | D16 | Donnybrook St. BT9 | 26 | K19 | Dundela Gdns. BT4 | 22 | U15 |
| Cumberland St. BT13 | 19 | K14 | Dermott Hill Pk. BT12 | 18 | D16 | Donore Ct. BT15 | 14 | M12 | Dundela Pk. BT4 | 21 | T15 |
| Cumberland Wk. BT13 | 19 | K14 | Dermott Hill Rd. BT12 | 18 | D16 | New Lo. Rd. | | | Dundela St. BT4 | 22 | U15 |
| Percy St. | | | Dermott Hill Way BT12 | 18 | D16 | Donore Pl. BT15 | 14 | M12 | Dundela Vw. BT4 | 22 | U15 |
| Cuming Rd. BT3 | 21 | R14 | Derrin Pas. BT11 | 24 | E20 | Stratheden St. | | | Dundela Av. | | |
| Cupar St. BT13 | 19 | H15 | Derryvolgie Av. BT9 | 26 | K20 | Donovan Par. BT6 | 27 | S19 | Duneden Pk. BT14 | 13 | H12 |
| Cupar St. Lwr. BT13 | 19 | J15 | Derryvolgie Ms. BT9 | 26 | K20 | Doon Cotts. BT11 | 24 | B22 | Dunkeld Gdns. BT14 | 13 | J10 |
| Cupar Way BT13 | 19 | J15 | Derwent St. BT4 | 21 | R15 | Doon End BT10 | 25 | F24 | Dunlambert Av. BT15 | 14 | M9 |
| Curtis St. BT1 | 20 | M14 | Devenish Ct. BT13 | 19 | J15 | Doon Rd. BT11 | 24 | B22 | Dunlambert Dr. BT15 | 14 | M9 |
| Curzon St. BT7 | 26 | N19 | Cupar St. Lwr. | | | Dorchester Pk. BT9 | 25 | J24 | Dunlambert Gdns. BT15 | | N9 |
| Cussick St. BT9 | 26 | K19 | Devon St. BT4 | 21 | T14 | Douglas Ct. BT4 | 22 | U15 | Dunlambert Pk. BT15 | 14 | M9 |
| **Custom Ho. Sq. BT1** | **31** | **F1** | Devon Par. BT4 | 21 | T14 | Dundela Av. | | | Dunlewey Cres. BT13 | 19 | J15 |
| Custom Ho. Sq. BT1 | 20 | N15 | Devonshire Clo. BT12 | 20 | L16 | Dover Ct. BT13 | 20 | L14 | Dunlewey Wk. BT13 | 19 | J16 |
| Cyprus Av. BT5 | 22 | U16 | Devonshire St. | | | Dover St. | | | Dunlewey St. | | |
| Cyprus Gdns. BT5 | 22 | U16 | **Devonshire Pl. BT12** | **30** | **A3** | Dover Pl. BT13 | 20 | L14 | Dunluce Av. BT9 | 19 | K18 |
| Cyprus Pk. BT5 | 22 | U16 | Devonshire Pl. BT12 | 20 | L16 | Dover St. BT13 | 20 | L14 | Dunmisk Pk. BT11 | 24 | E20 |
| | | | Devonshire St. | | | Dover Wk. BT13 | 20 | L14 | Dunmisk Ter. BT11 | 24 | E20 |
| | | | **Devonshire St. BT12** | **30** | **A3** | Dover St. | | | Commedagh Dr. | | |
| **D** | | | Devonshire St. BT12 | 19 | K16 | Downfine Gdns. BT11 | 18 | D18 | Dunmore Cres. BT15 | 14 | L10 |
| | | | **Devonshire Way BT12** | **30** | **A3** | Downfine Pk. BT11 | 18 | E18 | Dunmore St. BT15 | 14 | L10 |
| Dairy St. BT12 | 19 | H17 | Devonshire Way | 20 | L16 | Downfine Wk. BT11 | 18 | E18 | Dunmore Ter. BT13 | 19 | J15 |
| Shiels St. | | | Downfine Pk. | | | Dunmoyle St. BT13 | 19 | H14 | | | |
| Daisyfield St. BT13 | 19 | K13 | Devonshire St. | | | Downing St. BT13 | 19 | K14 | Dunowen Gdns. BT14 | 13 | J10 |
| Crimea St. | | | Devonshire Way BT12 | 20 | L16 | Downpatrick St. BT12 | 19 | S15 | Dunraven Av. BT5 | 21 | T17 |
| Daisyhill Ct. BT12 | 19 | G16 | Devonshire St. | | | Downshire Par. BT6 | 27 | S20 | Dunraven Ct. BT5 | 21 | T17 |
| Westrock Gdns. | | | **Devonshire Way BT12** | **30** | **A3** | Hamel Dr. | | | Dunraven Cres. BT5 | 21 | T17 |
| Dalebrook Av. BT12 | 19 | K16 | Devonshire St. BT12 | 19 | K16 | Downshire Pk. Cen. BT6 | 27 | S21 | Dunraven Dr. BT5 | 21 | T17 |
| Dalebrook Pk. BT12 | 24 | C22 | **Devonshire Way BT12** | **30** | **A3** | Downshire Pk. E. BT6 | 27 | S20 | Dunraven Gdns. BT5 | 21 | T17 |
| Dalry Pk. BT5 | 23 | AA17 | Devonshire Way | 20 | L16 | Downshire Pk. N. BT6 | 27 | S21 | Dunraven Par. BT5 | 21 | T17 |
| **Dalton St. BT5** | **31** | **H1** | Devonshire St. | | | Downshire Pk. S. BT6 | 27 | S21 | Dunraven St. BT13 | 19 | K14 |
| Dalton St. BT5 | 20 | P15 | Dewey St. BT13 | 19 | J14 | Downshire Pl. BT2 | 20 | M17 | Rumford St. | | |
| Damascus St. BT7 | 20 | N18 | Dhu-Varren Cres. BT13 | 19 | H14 | Little Victoria St. | | | Dunvegan St. BT6 | 21 | Q17 |
| Dandy St., New. BT36 | 9 | N4 | Dhu-Varren Par. BT13 | 19 | H14 | Downshire Pl., Hol. BT18 | 11 | Z6 | Dunville St. BT12 | 19 | J16 |
| Danns Row BT6 | 21 | Q16 | Dhu-Varren Pk. BT13 | 19 | H14 | Downshire Rd. BT6 | 22 | R22 | **Durham Ct. BT12** | **30** | **A2** |
| Ravenhill Rd. | | | Diamond Av. BT10 | 24 | E23 | Downshire Rd., Hol. BT18 | 11 | Z6 | Durham Ct. BT12 | 20 | L15 |
| Danube St. BT13 | 19 | J13 | Diamond Gdns. BT10 | 24 | E23 | Downview Av. BT15 | 9 | M6 | Durham St. | | |
| Daphne St. BT12 | 19 | K18 | Diamond Gro. BT10 | 24 | E23 | Downview Cres. BT15 | 9 | M6 | **Durham St. BT12** | **30** | **B2** |
| **Dargan Bri. BT1** | **31** | **G1** | Diamond St. BT13 | 20 | L14 | | | | Durham St. BT12 | 20 | L15 |
| Dargan Bri. BT1 | 20 | P15 | Dill Rd. BT6 | 27 | S20 | | | | | | |
| **Dargan Bri. BT3** | **31** | **G1** | Disraeli Ct. BT13 | 19 | H13 | Downview Dr. BT15 | 9 | M6 | **E** | | |
| Dargan Bri. BT3 | 20 | P15 | Disraeli St. BT13 | 19 | H13 | Downview Gdns. BT15 | 9 | N6 | | | |
| Dargan Cres. BT3 | 15 | P9 | Disraeli Wk. BT13 | 13 | H12 | | | | Ean Hill, Hol. BT18 | 11 | Z6 |
| Dargan Dr. BT3 | 15 | R9 | Disraeli St. | | | Downview Lo. BT15 | 9 | M5 | Earl Clo. BT15 | 20 | M13 |
| Dargan Rd. BT3 | 9 | P5 | Distillery Ct. BT12 | 19 | K16 | Downview Ms. BT15 | 9 | N6 | Earl Haig Cres. BT6 | 27 | R18 |
| Dart Hill BT11 | 24 | E21 | Distillery St. BT12 | 19 | K16 | Downview Pk. BT15 | 8 | L6 | Earl Haig Pk. | | |
| David St. BT13 | 19 | J15 | Distillery Way BT12 | 19 | K17 | Downview Pk. W. BT15 | 8 | L7 | Earl Haig Gdns. BT6 | 27 | R19 |
| Dawson St. BT15 | 20 | M13 | Disraeli St. | | | | | | Earl Haig Pk. BT6 | 27 | R19 |
| Dayton St. BT13 | 20 | L14 | Divis Ct. BT12 | 19 | K16 | Drenia BT11 | 24 | C23 | Earls St., The BT4 | 22 | V16 |
| Deacon St. BT15 | 14 | N11 | **Divis Ct. BT12** | **30** | **A2** | Drive, The BT9 | 26 | L22 | Bethany St. | | |
| Dean Crooks Fold BT5 | 22 | U16 | Divis Ct. BT12 | 20 | L15 | Dromara St. BT7 | 26 | N19 | Earlscourt St. BT12 | 19 | J16 |
| Deanby Gdns. BT14 | 13 | J10 | Divis Dr. BT11 | 18 | F18 | Dromore St. BT6 | 27 | R19 | Earlswood Ct. BT4 | 22 | W16 |
| Dee St. BT4 | 21 | S15 | Divis St. BT12 | 19 | K15 | Drumcor Grn., New. BT36 | 9 | M4 | Kincora Av. | | |
| Deerpark Dr. BT14 | 13 | H10 | Divismore Cres. BT12 | 18 | E16 | | | | Earlswood Gro. BT4 | 22 | W15 |
| Deerpark Gdns. BT14 | 13 | H10 | Divismore Pk. BT12 | 18 | F16 | Drumkeen Ct. BT8 | 27 | Q23 | Earlswood Pk. BT4 | 22 | V15 |
| Deerpark Gro. BT14 | 13 | J11 | Divismore Way BT12 | 18 | E16 | Drumkeen Manor BT8 | 27 | Q23 | Earlswood Rd. BT4 | 22 | V15 |
| Deerpark Par. BT14 | 13 | H10 | Dock La. BT15 | 20 | N13 | Saintfield Rd. | | | East Bread St. BT5 | 21 | S16 |
| Deerpark Rd. BT14 | 13 | H10 | Dock St. | | | Drummond Pk. BT9 | 25 | H24 | **East Bri. St. BT1** | **31** | **F3** |
| Dehra Gro. BT4 | 22 | U15 | Dock St. BT15 | 20 | N13 | Drumragh End BT6 | 27 | R21 | East Bri. St. BT1 | 20 | N16 |
| Delamont Pk. BT6 | 28 | U21 | Dock St. Ms. BT15 | 20 | N13 | **Dublin Rd. BT2** | **30** | **C6** | East Link, Hol. BT18 | 11 | Z8 |
| Delaware St. BT6 | 21 | Q17 | Dock St. | | | Dublin Rd. BT2 | 20 | M17 | East Twin Rd. BT3 | 15 | S11 |
| Delhi Par. BT7 | 26 | N19 | Donaldson Cres. BT13 | 13 | G12 | Dublin St. BT6 | 21 | Q17 | Eastleigh Cres. BT5 | 22 | V16 |
| Delhi St. BT7 | 26 | N19 | Donard St. BT6 | 21 | Q17 | Dudley St. BT7 | 20 | N18 | Eastleigh Dale BT5 | 22 | W16 |
| Demesne Av., Hol. BT18 | 11 | AA7 | Donegall Av. BT12 | 25 | J19 | | | | Eastleigh Dr. BT4 | 22 | V16 |
| | | | | | | | | | Easton Av. BT14 | 14 | K13 |

36

| Name | No | Grid | Name | No | Grid | Name | No | Grid | Name | No | Grid |
|---|---|---|---|---|---|---|---|---|---|---|---|
| Easton Cres. BT14 | 14 | K11 | Ethel St. BT9 | 25 | J20 | Fingals Ct. BT13 | 20 | L15 | Foyle Ct. BT14 | 19 | K13 |
| Eblana St. BT7 | 20 | M18 | Etna Dr. BT14 | 13 | H11 | Finlay Pk., New. | 9 | N4 | **Francis St. BT1** | **30** | **C1** |
| Ebor Dr. BT12 | 25 | J19 | **Eureka Dr. BT12** | **30** | **A6** | BT36 | | | Francis St. BT1 | 20 | M15 |
| Ebor Par. BT12 | 25 | J19 | Eureka Dr. BT12 | 20 | L17 | Finmore Ct. BT4 | 21 | R15 | Frank Pl. BT5 | 21 | S16 |
| Ebor St. BT12 | 25 | J19 | Euston Par. BT6 | 21 | R18 | Newtownards Rd. | | | Castlereagh St. | | |
| Ebrington Gdns. BT4 | 22 | U16 | Euston St. BT6 | 21 | R17 | **Finn Sq. BT13** | **30** | **A1** | Frank St. BT5 | 21 | R16 |
| Eccles St. BT13 | 19 | J14 | Euterpe St. BT12 | 19 | K18 | Finn Sq. BT13 | 20 | L15 | **Franklin St. BT2** | **30** | **C3** |
| Eden Ct. BT4 | 22 | V15 | Evelyn Av. BT5 | 21 | T16 | Finnis Clo. BT9 | 25 | G24 | Franklin St. BT2 | 20 | M16 |
| Edenderry St. BT13 | 19 | J13 | Evelyn Gdns. BT15 | 14 | L9 | Finnis Dr. BT9 | 25 | G24 | Franklin St. Pl. BT2 | 20 | M16 |
| Edenmore Dr. BT11 | 24 | C21 | Eversleigh St. BT6 | 21 | Q17 | Finsbury St. BT6 | 27 | R19 | Franklin St. | | |
| Edenvale Cres. BT4 | 22 | V15 | Cherryville St. | | | Finvoy St. BT5 | 21 | T16 | Fraser Pas. BT4 | 21 | Q15 |
| Edenvale Dr. BT4 | 22 | U15 | Everton Dr. BT6 | 27 | S22 | Finwood Ct. BT9 | 25 | G24 | Wolff Clo. | | |
| Edenvale Gdns. BT4 | 22 | V15 | Evewilliam Pk. BT15 | 14 | L9 | Finwood Pk. BT9 | 25 | G24 | Frederick La. BT1 | 20 | M14 |
| Edenvale Gro. BT4 | 22 | V15 | Evolina St. BT15 | 14 | M12 | Firmount BT15 | 14 | L9 | Frederick St. | | |
| Edenvale Pk. BT4 | 22 | U15 | Ewarts Pl. BT14 | 14 | K12 | Firmount Ct., Hol. | 17 | Z9 | Frederick Pl. BT1 | 20 | M14 |
| Edgar St. BT5 | 21 | Q16 | Exchange Pl. BT1 | 20 | N15 | BT18 | | | Frederick St. | | |
| Edgecumbe Ct. BT4 | 22 | V15 | Donegall St. | | | Firmount Cres., Hol. | 17 | Z9 | Frederick St. BT1 | 20 | M14 |
| Edgecumbe Gdns. BT4 | 22 | V14 | Exchange St. BT1 | 20 | N14 | BT18 | | | Frenchpark St. BT12 | 19 | J18 |
| Edgecumbe Pk. BT4 | 22 | V14 | Exchange St. W. BT1 | 20 | N14 | First St. BT13 | 19 | K15 | Friendly Pl. BT7 | 20 | P16 |
| Edgecumbe Vw. BT4 | 22 | V14 | Excise Wk. BT12 | 19 | K16 | Fisherwick Pl. BT1 | 20 | M16 | Friendly St. | | |
| Edgewater Rd. BT3 | 15 | R8 | | | | College Sq. E. | | | **Friendly Row BT7** | **31** | **F4** |
| Edinburgh Av., Hol. | 11 | BB7 | **F** | | | Fitzroy Av. BT7 | 20 | M18 | Friendly Row BT7 | 20 | N16 |
| BT18 | | | Faburn Pk. BT14 | 13 | G10 | Fitzwilliam Av. BT7 | 27 | P21 | **Friendly St. BT7** | **31** | **F4** |
| Edinburgh Ms. BT9 | 26 | K19 | Factory St. BT5 | 21 | S16 | Fitzwilliam St. BT9 | 20 | L18 | Friendly St. BT7 | 20 | N16 |
| Edinburgh St. BT9 | 25 | J19 | East Bread St. | | | Flax St. BT14 | 13 | J12 | Friendly Way BT7 | 20 | P16 |
| Edith St. BT5 | 21 | R16 | Fairfax St. BT14 | 14 | K12 | Flaxton Pl. BT14 | 12 | E9 | Friendly St. | | |
| Edlingham St. BT15 | 14 | M12 | Fairhill Gdns. BT15 | 9 | M7 | Old Mill Rd. | | | Frome St. BT4 | 21 | R15 |
| Edward St. BT1 | 20 | N14 | Fairhill Pk. BT15 | 9 | M7 | Fleetwood St. BT14 | 20 | L13 | Fruithill Pk. BT11 | 24 | E19 |
| Edwina St. BT13 | 19 | J14 | Fairhill Wk. BT15 | 9 | M7 | Crumlin Rd. | | | **Fulton St. BT7** | **30** | **C6** |
| Riga St. | | | Fairhill Way BT15 | 9 | M7 | Flora St. BT5 | 21 | S17 | Fulton St. BT7 | 20 | M17 |
| Egeria St. BT12 | 19 | K18 | Fairview St. BT13 | 20 | L13 | Florence Pl. BT13 | 20 | L13 | | | |
| Eglantine Av. BT9 | 26 | K19 | Hopewell Av. | | | Florence Sq. BT13 | 20 | L13 | **G** | | |
| Eglantine Gdns. BT9 | 26 | L19 | Fairway Gdns. BT5 | 29 | X20 | Florence Wk. BT13 | 20 | L13 | Gaffikin St. BT12 | 20 | L17 |
| Eglantine Pl. BT9 | 26 | K19 | Falcon Rd. BT12 | 25 | J20 | Hopewell Av. | | | Gainsborough Dr. | 14 | M11 |
| Eglington St. BT13 | 20 | L14 | Falcon Way BT12 | 25 | J20 | Florenceville Av. BT7 | 27 | P21 | BT15 | | |
| **Egmont Gdns. BT12** | **30** | **A6** | Falcon Rd. | | | Florenceville Dr. BT7 | 27 | P21 | Galwally Av. BT8 | 27 | P23 |
| Egmont Gdns. BT12 | 20 | L17 | Falls Ct. BT13 | 19 | J15 | Florida St. BT6 | 21 | Q18 | Galwally Pk. BT8 | 27 | Q22 |
| Bentham Dr. | | | Conway Link | | | Florida St. BT6 | 21 | Q17 | **Galway St. BT12** | **30** | **B2** |
| Eia St. BT14 | 14 | L12 | Falls Rd. BT11 | 25 | F19 | Flush Dr. BT6 | 21 | Q21 | Galway St. BT12 | 20 | L15 |
| Eileen Gdns. BT9 | 26 | K20 | Falls Rd. BT12 | 19 | J15 | Flush Gdns. BT6 | 21 | Q21 | Gamble St. BT1 | 20 | N14 |
| Elaine St. BT9 | 26 | M19 | Fallswater Dr. BT12 | 19 | H17 | Flush Gro. BT6 | 21 | Q21 | Gardiner Pl. BT13 | 20 | L14 |
| Elesington Ct. BT6 | 27 | S20 | Falls Rd. | | | Flush Pk. BT6 | 21 | Q21 | **Gardiner St. BT13** | **30** | **B1** |
| Mayfair Av. | | | Fallswater St. BT12 | 19 | H17 | Flush Rd. BT14 | 12 | D7 | Gardiner St. BT13 | 20 | L15 |
| Elgin St. BT7 | 26 | N19 | Fane St. BT9 | 19 | K18 | Fodnamona Ct. BT11 | 24 | D19 | Garland Av. BT8 | 27 | S24 |
| Elimgrove St. BT14 | 14 | K11 | Farmhill Rd., Hol. | 11 | BB4 | Aitnamona Cres. | | | Garland Cres. BT8 | 27 | S24 |
| Eliza Pl. BT7 | 20 | N16 | BT18 | | | Forest Hill BT9 | 26 | K23 | Garland Grn. BT8 | 27 | S24 |
| Eliza St. | | | Farmhurst Grn. BT5 | 29 | Y19 | Forest St. BT12 | 19 | H15 | Garland Hill BT8 | 27 | S24 |
| **Eliza St. BT7** | **31** | **F4** | Farmhurst Way BT5 | 29 | Y19 | Forfar St. BT12 | 19 | H15 | Garland Pk. BT8 | 27 | S24 |
| Eliza St. BT7 | 20 | N16 | Farnham St. BT7 | 20 | N18 | Formby Pk. BT14 | 13 | H9 | Garmoyle St. BT15 | 20 | N13 |
| **Eliza St. Clo. BT7** | **31** | **F4** | Farringdon Ct. BT14 | 13 | H11 | Forster St. BT13 | 19 | K14 | Garnerville Dr. BT4 | 17 | X12 |
| Eliza St. Clo. BT7 | 20 | N16 | Farringdon Gdns. | 13 | H11 | Ariel St. | | | Garnerville Gdns. | 17 | X12 |
| Eliza St. Ter. BT7 | 20 | N16 | BT14 | | | Forsythe St. BT13 | 20 | L14 | BT4 | | |
| Eliza St. | | | Fashoda St. BT5 | 21 | S17 | Dover Pl. | | | Garnerville Gro. BT4 | 17 | X12 |
| Elizabeth Rd., Hol. | 11 | BB6 | Federation St. BT6 | 21 | Q18 | Fort St. BT12 | 19 | H15 | Garnerville Pk. BT4 | 17 | X12 |
| BT18 | | | **Felt St. BT12** | **30** | **A6** | Forth Par. BT13 | 19 | H14 | Garnerville Rd. BT4 | 17 | X12 |
| **Elm Ct. BT7** | **30** | **D6** | Felt St. BT12 | 20 | L17 | Forthbrook Ct. BT13 | 18 | F13 | Garnock BT11 | 24 | C23 |
| Elm Ct. BT7 | 20 | M17 | Ferguson Dr. BT4 | 22 | U15 | Ballygomartin Rd. | | | Garnock Hill BT10 | 24 | C24 |
| **Elm St. BT7** | **30** | **D6** | Fern St. BT4 | 21 | R15 | Forthriver Clo. BT13 | 12 | E11 | Garranard Manor | 22 | W14 |
| Elm St. BT7 | 20 | M17 | Frome St. | | | Forthriver Cotts. BT14 | 8 | J8 | BT4 | | |
| Elmdale St. BT5 | 21 | T16 | Ferndale Ct. BT9 | 25 | J20 | Ballysillan Rd. | | | Garranard Pk. BT4 | 22 | W14 |
| Elmfield St. BT14 | 13 | H12 | Lisburn Rd. | | | Forthriver Cres. BT13 | 13 | F11 | Garron Cres. BT10 | 25 | F24 |
| Elmwood Av. BT9 | 20 | L18 | Ferndale St. BT9 | 25 | J20 | Forthriver Dale BT13 | 12 | E11 | Gartree Pl. BT11 | 24 | C20 |
| Elmwood Ms. BT9 | 20 | L18 | Fernhill Gro. BT13 | 13 | F11 | Forthriver Dr. BT13 | 13 | F11 | Gawn St. BT4 | 21 | S15 |
| Elsmere Hts. BT5 | 29 | AA19 | Fernvale St. BT4 | 22 | U14 | Forthriver Grn. BT13 | 13 | F11 | Geary Rd. BT5 | 29 | Y19 |
| Elsmere Pk. BT5 | 29 | AA19 | Fernwood St. BT7 | 26 | N20 | Forthriver Link BT13 | 13 | F11 | Geeragh Pl. BT10 | 25 | F24 |
| Elswick St. BT12 | 19 | H15 | Fife St. BT15 | 14 | N11 | Forthriver Par. BT13 | 12 | E11 | Geneva Gdns. BT9 | 26 | M21 |
| Emerald St. BT6 | 21 | Q17 | Fifth St. BT13 | 19 | K15 | Forthriver Pk. BT13 | 12 | E10 | Genoa St. BT12 | 19 | K16 |
| Emerson St. BT13 | 19 | J14 | Finaghy Pk. Cen. | 24 | D24 | Forthriver Pas. BT13 | 13 | F11 | Geoffrey St. BT13 | 19 | J13 |
| Empire Dr. BT12 | 19 | K17 | BT10 | | | Forthriver Rd. BT13 | 12 | E11 | Ghent Pl. BT13 | 19 | J13 |
| Empire Par. BT12 | 19 | K17 | Finaghy Pk. N. BT10 | 24 | E23 | Forthriver Way BT13 | 12 | E11 | Sydney St. W. | | |
| Empire St. BT12 | 19 | J17 | Finaghy Pk. S. BT10 | 24 | E24 | Fortuna St. BT12 | 19 | K18 | Gibson Ct. BT6 | 27 | S19 |
| Enfield Dr. BT13 | 19 | H13 | Finaghy Pk. N. BT10 | 24 | E23 | Fortwilliam Ct. BT15 | 14 | L9 | Gibson Pk. Av. BT6 | 27 | R19 |
| Enfield Par. BT13 | 19 | H13 | Finaghy Pk. N. BT11 | 24 | D21 | Fortwilliam Pk. | | | Cregagh Rd. | | |
| Enfield St. BT13 | 19 | H13 | Finaghy Pk. S. BT10 | 24 | E24 | Fortwilliam Cres. | 14 | N9 | Gibson Pk. Gdns. BT6 | 21 | R18 |
| Enid Dr. BT5 | 22 | V16 | Finbank Ct. BT9 | 25 | G24 | BT15 | | | Gibson St. BT7 | 19 | K16 |
| Enid Par. BT5 | 22 | V16 | Finbank Gdns. BT9 | 25 | G24 | Fortwilliam Dr. BT15 | 8 | L8 | Gilbourne Ct. BT5 | 29 | Y19 |
| Epworth St. BT5 | 21 | R16 | Finch Clo. BT9 | 25 | H24 | Fortwilliam Gdns. | 14 | L9 | Gilnahirk Av. BT5 | 29 | Y19 |
| **Erin Way BT7** | **30** | **D5** | Finch Ct. BT9 | 25 | H24 | BT15 | | | Gilnahirk Cres. BT5 | 29 | Y19 |
| Erin Way BT7 | 20 | M17 | Finch Way | | | Fortwilliam Gra. BT15 | 9 | N8 | Gilnahirk Dr. BT5 | 29 | Y19 |
| Errigal Pk. BT11 | 24 | D21 | Finch Gro. BT9 | 25 | H24 | Fortwilliam Par. BT15 | 14 | M9 | Gilnahirk Pk. BT5 | 29 | Y19 |
| Erris Gro. BT11 | 24 | B23 | Finch Pl. BT9 | 25 | H24 | Fortwilliam Pk. BT15 | 14 | L9 | Gilnahirk Ri. BT5 | 29 | Y19 |
| Oranmore Dr. | | | Finch Gro. | | | **Fountain La. BT1** | **30** | **D2** | Gilnahirk Rd. BT5 | 23 | Y17 |
| Erskine St. BT5 | 21 | R16 | Finch Way BT9 | 25 | H24 | Fountain La. BT1 | 20 | M15 | Gilnahirk Rd. W. BT5 | 29 | AA20 |
| Eskdale Gdns. BT14 | 13 | H11 | Finchley Dr. BT4 | 22 | X13 | **Fountain St. BT1** | **30** | **D2** | Gilnahirk Wk. BT5 | 29 | Y19 |
| Esmond St. BT13 | 19 | J14 | Finchley Gdns. BT4 | 22 | X13 | Fountain St. BT1 | 20 | M15 | Gipsy St. BT7 | 27 | P20 |
| Shankill Rd. | | | Finchley Pk. | | | Fountain St. N. BT15 | 20 | M13 | Glandore Av. BT15 | 14 | L10 |
| Espie Way BT6 | 28 | U20 | Finchley Pk. BT4 | 22 | X13 | New Lo. Rd. | | | Glandore Dr. BT15 | 14 | L10 |
| Esplanade, The, | 11 | Y6 | Finchley Vale BT4 | 22 | X13 | Fountainville Av. BT9 | 20 | L18 | Glandore Gdns. BT15 | 15 | Y17 |
| Hol. BT18 | | | Findon Gdns. BT9 | 25 | G24 | Four Winds Dr. BT8 | 27 | S24 | Glandore Par. BT15 | 14 | M10 |
| Essex St. BT7 | 20 | N18 | Findon Gro. BT9 | 25 | H24 | Four Winds Pk. BT8 | 27 | S24 | Ashfield Gdns. | | |
| Esther St. BT15 | 14 | N11 | Findon Pl. BT9 | 25 | H24 | **Fox Row BT12** | **30** | **B3** | Glanleam St. BT15 | 14 | M10 |
| Estoril Ct. BT14 | 13 | H12 | Fingal St. BT13 | 19 | H13 | Fox Row BT12 | 20 | L16 | Glantane St. BT15 | 14 | L10 |
| Estoril Pk. BT14 | 13 | H12 | **Fingals Ct. BT13** | **30** | **A1** | Foxglove St. BT5 | 21 | S17 | Glantrasna Dr. BT15 | 14 | M10 |

37

| Street | Map | Grid |
|---|---|---|
| Glanworth Dr. BT15 | 14 | L10 |
| Glanworth Gdns. BT15 | 14 | L10 |
| Glasgow St. BT15 | 14 | N11 |
| Glassmullin Gdns. BT11 | 24 | D21 |
| Glastonbury Av. BT15 | 8 | L7 |
| Glen, The BT15 | 14 | M11 |
| Glen Cres. BT11 | 25 | F19 |
| Glen Ebor Hts. BT4 Glenmachan Rd. | 17 | Y12 |
| Glen Ebor Pk. BT4 | 17 | Y12 |
| Glen Par. BT11 | 25 | F19 |
| Glen Ri. BT5 | 28 | W19 |
| Glen Rd. BT4 | 23 | Z13 |
| Glen Rd. BT5 | 28 | V19 |
| Glen Rd. BT12 Falls Rd. | 24 | E19 |
| Glenalina Cres. BT12 | 18 | E17 |
| Glenalina Gdns. BT12 Glenalina Cres. | 18 | E17 |
| Glenalina Grn. BT12 Glenalina Rd. | 18 | E16 |
| Glenalina Pk. BT12 | 18 | E16 |
| Glenalina Pas. BT12 Glenalina Rd. | 18 | E16 |
| Glenalina Rd. BT5 | 18 | E16 |
| Glenallen St. BT12 | 21 | R16 |
| **Glenalpin St. BT12** | **30** | **C5** |
| Glenalpin St. BT12 | 20 | M17 |
| Glenard Brook BT14 | 14 | K11 |
| Glenbank Pl. BT14 | 13 | F10 |
| Glenbank Par. BT14 Leroy St. | 13 | F10 |
| Glenbank Pl. BT14 | 13 | F10 |
| Glenbrook Av. BT5 | 21 | T17 |
| Glenbryn Dr. BT14 | 13 | H11 |
| Glenbryn Gdns. BT14 | 13 | G11 |
| Glenbryn Par. BT14 | 13 | G11 |
| Glenbryn Pk. BT14 | 13 | H11 |
| Glenburn All. BT12 Charles St. S. | 20 | L17 |
| Glenburn Pk. BT14 | 14 | K9 |
| Glencairn Cres. BT13 | 13 | G12 |
| Glencairn Pas. BT13 | 12 | E11 |
| Glencairn Rd. BT13 | 12 | E11 |
| Glencairn St. BT13 | 13 | G12 |
| Glencairn Wk. BT13 | 12 | E11 |
| Glencairn Way BT13 | 12 | E11 |
| Glencoe Pk., New. BT36 | 8 | L4 |
| Glencollyer St. BT15 | 14 | M11 |
| Glencourt BT11 | 25 | F19 |
| Glencregagh Ct. BT6 | 27 | Q23 |
| Glencregagh Dr. BT6 | 27 | R23 |
| Glencregagh Pk. BT6 | 27 | R23 |
| Glencregagh Rd. BT8 | 27 | R23 |
| Glendale BT10 | 24 | C24 |
| Glendale Av. E. BT8 | 27 | R24 |
| Glendale Av. N. BT8 | 27 | Q24 |
| Glendale Av. S. BT8 | 27 | R24 |
| Glendale Av. W. BT8 | 27 | R24 |
| Glendarragh Ms. BT4 | 17 | X10 |
| Glendhu Gro. BT4 | 16 | W12 |
| Glendhu Manor BT4 | 16 | W11 |
| Glendhu Pk. BT4 | 17 | X11 |
| Glendower St. BT6 | 27 | R19 |
| Glenfarne St. BT13 Agnes St. | 19 | K13 |
| Glengall La. BT12 Glengall St. | 20 | M16 |
| Glengall Ms. BT12 Glengall St. | 20 | L16 |
| **Glengall St. BT12** | **30** | **B4** |
| Glengall St. BT12 | 20 | L16 |
| Glenhill Ct. BT14 Glenpark Ct. | 14 | K12 |
| Glenhill Pk. BT11 | 24 | E19 |
| Glenholm Av. BT8 | 27 | R24 |
| Glenholm Cres. BT8 | 27 | R24 |
| Glenholm Pk. BT8 | 27 | R24 |
| Glenhoy Dr. BT5 | 21 | T17 |
| Glenhoy Ms. BT5 | 21 | T17 |
| Glenhurst Dr., New. BT36 | 9 | M4 |
| Glenhurst Gdns., New. BT36 | 9 | M4 |
| Glenhurst Par., New. BT36 | 9 | M4 |
| Glenlea Gro. BT4 Garnerville Rd. | 17 | X12 |
| Glenlea Pk. BT4 | 17 | X12 |
| Glenloch Gdns. BT14 | 20 | X11 |
| Glenluce Dr. BT4 | 17 | X11 |

| Street | Map | Grid |
|---|---|---|
| Glenluce Grn. BT4 | 17 | X11 |
| Glenluce Wk. BT4 | 17 | X11 |
| Glenmachan Av. BT4 | 23 | Y13 |
| Glenmachan Dr. BT4 | 23 | Y13 |
| Glenmachan Gro. BT4 | 23 | Y13 |
| Glenmachan Ms. BT4 | 23 | Y13 |
| Glenmachan Pk. BT4 | 17 | Y12 |
| Glenmachan Pl. BT12 | 19 | H18 |
| Glenmachan Rd. BT4 | 17 | Y12 |
| Glenmachan St. BT12 | 19 | J18 |
| Glenmillan Dr. BT4 | 17 | X12 |
| Glenmillan Pk. BT4 | 22 | X13 |
| Glenmore St. BT5 | 21 | R16 |
| Glenmurry Ct. BT11 Glen Rd. | 24 | E19 |
| Glenpark Ct. BT14 Glenpark St. | 13 | J12 |
| Glenpark St. BT14 | 13 | J12 |
| Glenravel St. BT15 Henry Pl. | 20 | M13 |
| Glenrosa Link BT15 Glenrosa St. | 14 | N12 |
| Glenrosa St. BT15 | 14 | M12 |
| Glenrosa St. S. BT15 Duncairn Gdns. | 14 | M12 |
| Glenshane Gdns. BT11 | 24 | D21 |
| Glensharragh Av. BT6 | 28 | T21 |
| Glensharragh Gdns. BT6 | 28 | T20 |
| Glenside BT6 | 27 | S22 |
| Glenside Dr. BT14 | 13 | F10 |
| Glenside Par. BT14 | 13 | F10 |
| Glenside Pk. BT14 | 13 | F11 |
| Glentilt St. BT13 | 19 | K13 |
| Glentoran Pl. BT6 Mount St. S. | 21 | Q17 |
| Glentoran St. BT6 Mount St. S. | 21 | Q17 |
| Glenvale St. BT13 | 19 | H13 |
| Glenvarloch St. BT5 | 21 | S17 |
| Glenview Av. BT5 | 28 | W20 |
| Glenview Ct. BT14 Glenview St. | 14 | K12 |
| Glenview Cres. BT5 | 28 | V21 |
| Glenview Dr. BT5 | 28 | W20 |
| Glenview Gdns. | | |
| Glenview Gdns. BT5 | 28 | W20 |
| Glenview Hts. BT5 | 28 | V20 |
| Glenview Pk. BT5 | 28 | V20 |
| Glenview Rd., Hol. BT18 | 11 | BB7 |
| Glenview St. BT14 | 14 | K12 |
| Glenview Ter. BT11 | 24 | B22 |
| Glenwherry Pl. BT6 Mount St. S. | 21 | Q17 |
| Glenwood Pl. BT13 Glenwood St. | 19 | J14 |
| Glenwood St. BT13 | 19 | J14 |
| **Gloucester St. BT1** | **31** | **E3** |
| Gloucester St. BT1 | 20 | N16 |
| Gordon St. BT1 | 20 | N14 |
| Gortfin St. BT12 | 19 | H16 |
| Gortgrib Dr. BT5 | 29 | Z19 |
| Gortin Dr. BT5 | 23 | Z17 |
| Gortin Pk. BT5 | 23 | Z17 |
| Gortland Av. BT5 | 29 | Z19 |
| Gortland Par. BT5 | 29 | Z19 |
| Gortnamona Ct. BT11 | 18 | D18 |
| Gortnamona Way | | |
| Gortnamona Hts. BT11 | 18 | D18 |
| Gortnamona Way | | |
| Gortnamona Pl. BT11 | 18 | D18 |
| Gortnamona Way | | |
| Gortnamona Ri. BT11 | 18 | D18 |
| Gortnamona Way | | |
| Gortnamona Vw. BT11 | 18 | D18 |
| Gortnamona Way | | |
| Gortnamona Way BT11 | 18 | D18 |
| Gotha St. BT6 | 21 | Q17 |
| Govan Dr. BT5 | 23 | AA18 |
| Governor's Bri., The BT7 | 26 | M20 |
| Governor's Bri., The BT9 | 26 | M20 |
| Grace Av. BT5 | 21 | T17 |
| **Grace St. BT2** | **31** | **E4** |
| Grace St. BT2 | 20 | N16 |
| Gracehill Ct. BT14 | 14 | K12 |

| Street | Map | Grid |
|---|---|---|
| Grafton St. BT13 Beresford St. | 19 | K14 |
| Graham Gdns. BT6 | 27 | S19 |
| Grampian Av. BT4 | 21 | T16 |
| Grampian Clo. BT4 | 21 | T15 |
| Grand Par. BT5 | 21 | T18 |
| Grange, The BT4 | 23 | Y13 |
| Grangeville Dr. BT10 | 24 | E23 |
| Grangeville Gdns. BT10 | 24 | E23 |
| Gransha Av. BT11 | 24 | E19 |
| Gransha Cres. BT11 | 24 | E19 |
| Gransha Dr. BT11 | 24 | E19 |
| Gransha Gdns. BT11 | 18 | E18 |
| Gransha Grn. BT11 | 18 | E18 |
| Gransha Gro. BT11 | 24 | E19 |
| Gransha Par. BT11 | 24 | E19 |
| Gransha Pk. BT11 | 18 | E18 |
| Gransha Ri. BT11 | 18 | E18 |
| Gransha Way BT11 | 24 | E19 |
| Granton Pk. BT5 | 23 | AA17 |
| Granville Pl. BT12 Servia St. | 19 | K16 |
| Grasmere Gdns. BT15 | 8 | K8 |
| Graymount Cres., New. BT36 | 9 | N5 |
| Graymount Dr., New. BT36 | 9 | N5 |
| Graymount Gdns., New. BT36 | 9 | N5 |
| Graymount Gro., New. BT36 | 9 | N5 |
| Graymount Par., New. BT36 | 9 | N5 |
| Graymount Pk., New. BT36 | 9 | N5 |
| Graymount Rd., New. BT36 | 9 | N5 |
| Graymount Ter., New. BT36 | 9 | N5 |
| Grays Ct. BT15 | 9 | N5 |
| Grays La. BT15 | 9 | M5 |
| Grays La., Hol. BT18 | 11 | Z6 |
| Great Georges St. BT15 | 20 | M13 |
| Great Northern St. BT9 | 25 | J20 |
| Great Patrick St. BT1 | 20 | M14 |
| **Great Victoria St. BT2** | **30** | **C4** |
| Great Victoria St. BT2 | 20 | M16 |
| Green, The, Hol. BT18 | 11 | Z8 |
| Green Cres. BT5 | 22 | W16 |
| Green Mt. BT5 | 28 | W19 |
| Green Rd. BT5 | 22 | W16 |
| Greenan BT11 | 24 | C20 |
| Greenan Av. BT11 | 24 | C21 |
| Greenane Cres. BT10 | 24 | C23 |
| Greenane Dr. BT10 | 24 | C23 |
| Greencastle Clo., New. BT36 | 9 | N5 |
| Greencastle Pl. BT15 | 9 | N6 |
| Greenhill Gro. BT14 Wolfend Dr. | 13 | F9 |
| Greenhill La. BT11 | 13 | F9 |
| Greenland St. BT13 | 20 | L14 |
| Greenlea Gdns. BT5 Whincroft Rd. | 28 | W19 |
| Greenmount Pl. BT15 | 14 | N12 |
| Greenmount St. BT15 Glenrosa St. | 14 | N12 |
| Greenmount St. BT15 North Queen St. | 14 | N12 |
| Greenore BT5 | 21 | R18 |
| Greenview Pk. BT9 | 25 | H24 |
| Greenville Av. BT5 | 21 | T16 |
| Greenville Rd. BT5 | 21 | T17 |
| Greenville St. BT5 | 21 | T16 |
| Greenway BT6 | 27 | S20 |
| Greenwood Av. BT4 | 22 | W16 |
| Greenwood Manor BT4 Greenwood Av. | 22 | W16 |
| Greenwood Pk. BT4 | 22 | W16 |
| **Gregg's Quay BT5** | **31** | **G2** |
| Gregg's Quay BT5 | 20 | P15 |
| **Gresham St. BT1** | **30** | **C1** |
| Gresham St. BT1 | 20 | M15 |

| Street | Map | Grid |
|---|---|---|
| Grey Castle Manor BT6 | 28 | V21 |
| Grillagh Way BT6 | 27 | R21 |
| Groomsport Ct. BT14 Groomsport St. | 14 | K12 |
| Groomsport St. BT14 | 14 | K12 |
| Grosvenor Arc. BT12 | 19 | K16 |
| Grosvenor Ct. BT12 Roden Pas. | 19 | K16 |
| Grosvenor Ct. BT12 Selby St. | 19 | K16 |
| Grosvenor Rd. BT12 | 19 | J16 |
| Grove, The, Hol. BT18 | 11 | Z8 |
| Grove St. E. BT5 | 21 | R17 |
| Grove Tree N. BT12 Devonshire St. | 20 | L16 |
| Grove Tree S. BT12 Devonshire St. | 20 | L16 |
| Grovefield Pl. BT6 Grovefield St. | 21 | Q17 |
| Grovefield St. BT6 | 21 | Q16 |
| Gunnell Hill, New. BT36 | 9 | M4 |
| **H** | | |
| Haddington Gdns. BT6 | 27 | R19 |
| Haddow St. BT13 Sugarfield St. | 19 | J15 |
| Haig St. BT5 | 21 | R16 |
| Halcombe St. BT6 | 21 | Q17 |
| Hallidays Rd. BT15 | 14 | M12 |
| Halstein Dr. BT5 | 22 | V16 |
| Hamel Dr. BT6 | 27 | S21 |
| Hamill Glen BT11 | 24 | C20 |
| Hamill Gro. BT11 | 24 | C20 |
| **Hamill St. BT12** | **30** | **B2** |
| Hamill St. BT12 | 20 | L15 |
| Hamilton Pl. BT6 | 21 | Q16 |
| Hamilton Rd. BT3 | 21 | Q13 |
| **Hamilton St. BT2** | **31** | **E4** |
| Hamilton St. BT2 | 20 | N16 |
| Hamiltons Ct. BT1 High St. | 20 | N15 |
| Hamlets, The BT4 | 22 | X16 |
| Hampton Ct., Hol. BT18 | 11 | BB6 |
| Hampton Dr. BT7 | 26 | N20 |
| Hampton Gdns. BT7 Hampton Dr. | 26 | N20 |
| Hampton Gro. BT7 Hampton Par. | 26 | M20 |
| Hampton Manor BT7 | 27 | P22 |
| Hampton Manor Dr. BT7 | 26 | N22 |
| Hampton Par. BT7 | 26 | M20 |
| Hampton Pk. BT7 | 27 | P23 |
| Hampton Pl. BT7 Hampton Dr. | 26 | N20 |
| Hampton Strand BT7 Hampton Dr. | 26 | N20 |
| Hanna St. BT15 | 14 | N12 |
| Harberton Av. BT9 | 25 | H23 |
| Harberton Pk. BT9 | 25 | H23 |
| Harcourt Dr. BT14 | 14 | K12 |
| **Hardcastle St. BT7** | **30** | **D5** |
| Hardcastle St. BT7 | 20 | M17 |
| Hardinge Pl. BT15 New Lo. Rd. | 20 | M13 |
| Harkness Par. BT4 | 21 | S14 |
| Harland Pk. BT4 | 21 | T15 |
| Harland Rd. BT3 | 15 | R12 |
| Harland Wk. BT4 Pitt Pl. | 21 | Q15 |
| Harleston St. BT9 | 26 | M21 |
| Harmony BT14 Glenbank Dr. | 13 | F10 |
| **Harmony St. BT2** | **30** | **C5** |
| Harmony St. BT2 | 20 | M17 |
| Harper St. BT5 | 21 | Q16 |
| Harpers Ct. BT1 Curtis St. | 20 | N14 |
| Harrisburg St. BT15 | 14 | N10 |
| Harrison Wk. BT13 Geoffrey St. | 19 | J13 |
| Harrogate St. BT12 | 19 | H16 |
| Harrow St. BT7 | 26 | N19 |
| Harrybrook St. BT13 | 19 | K13 |
| Hart St. BT5 | 21 | S15 |
| **Hartington St. BT7** | **30** | **D5** |
| Hartington St. BT7 Dublin St. | 20 | M17 |

| Street | BT | Col1 | Col2 | Street | BT | Col1 | Col2 | Street | BT | Col1 | Col2 | Street | BT | Col1 | Col2 |
|---|---|---|---|---|---|---|---|---|---|---|---|---|---|---|---|
| Hartwell Pl. BT15 | | 14 | M12 | Highgate Ter. BT13 | | 18 | F14 | Humber St. BT4 | | 21 | S15 | Jellicoe Dr. BT15 | | 14 | M10 |
| Harvey Ct. BT5 | | 21 | R16 | *Highfield Dr.* | | | | *Severn St.* | | | | Jellicoe Par. BT15 | | 14 | N10 |
| Hatfield St. BT7 | | 20 | N18 | Highgreen BT13 | | 18 | F14 | Humes St. BT15 | | 20 | M13 | Jellicoe Pk. BT15 | | 14 | M10 |
| Hatton Dr. BT6 | | 21 | R17 | Highland Par. BT13 | | 18 | F14 | *Ludlow Sq.* | | | | Jennymount St. BT15 | | 14 | N11 |
| Havana Ct. BT14 | | 13 | J12 | Highpark Cres. BT13 | | 18 | F15 | Hunt St. BT5 | | 21 | S15 | Jersey Pl. BT13 | | 19 | K13 |
| Havana Gdns. BT14 | | 13 | J12 | Highpark Cross BT13 | | 18 | F15 | **Hunter Pk. BT12** | | **30** | **A6** | *Jersey St.* | | | |
| *Ardoyne Av.* | | | | *Highpark Dr.* | | | | Hunter Pk. BT12 | | 20 | L17 | Jersey St. BT13 | | 19 | K13 |
| Havana Wk. BT14 | | 13 | J12 | Highpark Dr. BT13 | | 18 | F14 | Hurst Pk. BT12 | | 20 | L17 | Jerusalem St. BT7 | | 26 | N19 |
| *Ardoyne Av.* | | | | Highvale Gdns. BT13 | | 18 | F14 | *Linfield Rd.* | | | | Jetty Rd. BT3 | | 16 | U9 |
| Havana Way BT14 | | 13 | J12 | Highview Cres. BT13 | | 18 | F14 | Huss Ct. BT13 | | 19 | K14 | Joanmount Dr. BT14 | | 13 | H9 |
| *Ardoyne Av.* | | | | Highway BT13 | | 18 | F14 | *Huss Row* | | | | Joanmount Gdns. | | 13 | H9 |
| **Havelock St. BT7** | | **31** | **E6** | Hill St. BT1 | | 20 | N14 | Huss Row BT13 | | 19 | K14 | BT14 | | | |
| Havelock St. BT7 | | 20 | N17 | Hillburn Pk. BT6 | | 28 | T21 | **Hutchison St. BT12** | | **30** | **A3** | Joanmount Pk. BT14 | | 13 | H9 |
| Hawthorn St. BT12 | | 19 | J16 | Hillcrest Gdns. BT5 | | 22 | U17 | Hutchison St. BT12 | | 20 | L16 | Jocelyn Av. BT6 | | 21 | R17 |
| Hawthornden Ct. BT4 | | 22 | X16 | Hillfoot St. BT4 | | 21 | T15 | Hyndford St. BT5 | | 21 | S17 | Jocelyn Gdns. BT6 | | 21 | R17 |
| Hawthornden Dr. BT4 | | 22 | X14 | Hillhead Av. BT11 | | 24 | C21 | | | | | Jocelyn St. BT6 | | 21 | R17 |
| Hawthornden Gdns. | | 22 | X15 | Hillhead Ct. BT11 | | 24 | C21 | **I** | | | | **John St. BT12** | | **30** | **B2** |
| BT4 | | | | Hillhead Cres. BT11 | | 24 | C22 | | | | | John St. BT12 | | 20 | L15 |
| Hawthornden Ms. | | 22 | X16 | Hillhead Dr. BT11 | | 24 | C22 | Ilchester St. BT15 | | 14 | M12 | Jonesboro Pk. BT5 | | 21 | S17 |
| BT4 | | | | Hillhead Hts. BT11 | | 24 | C21 | Imperial Dr. BT6 | | 21 | Q18 | **Joy St. BT2** | | **31** | **E5** |
| Hawthornden Pk. | | 22 | X15 | Hillhead Pk. BT11 | | 24 | C21 | Imperial St. BT6 | | 21 | Q18 | Joy St. BT2 | | 20 | N16 |
| BT4 | | | | Hillman St. BT15 | | 14 | M12 | Ina St. BT4 | | 21 | R15 | Joys Entry BT1 | | 20 | N15 |
| Hawthornden Rd. | | 22 | X16 | Hills Av. BT7 | | 21 | T14 | India St. BT7 | | 20 | M18 | *Ann St.* | | | |
| BT4 | | | | Hillsborough Dr. BT6 | | 21 | R18 | Indiana Av. BT14 | | 13 | L9 | Jubilee Av. BT15 | | 14 | L11 |
| Hawthornden Way | | 22 | X15 | Hillsborough Gdns. | | 21 | R18 | Ingledale Pk. BT14 | | 13 | G12 | Jude St. BT12 | | 19 | K15 |
| BT4 | | | | BT6 | | | | Inglewood Ct. BT4 | | 22 | U13 | Julia St. BT4 | | 21 | S15 |
| Haypark Av. BT7 | | 26 | N21 | Hillsborough Par. BT6 | | 21 | S18 | Inishmore Cres. BT11 | | 24 | C21 | | | | |
| Haypark Gdns. BT7 | | 26 | N21 | Hillside Cres. BT9 | | 26 | L22 | **Innes Pl. BT12** | | **30** | **B6** | **K** | | | |
| Haywood Av. BT7 | | 26 | N20 | Hillside Dr. BT9 | | 26 | L22 | Innes Pl. BT12 | | 20 | L17 | | | | |
| Haywood Dr. BT7 | | 26 | N20 | Hillside Gdns. BT9 | | 26 | L22 | Innisfayle Dr. BT15 | | 9 | M7 | Kane St. BT13 | | 19 | J15 |
| Hazelbank Ct. BT5 | | 23 | Y17 | Hillside Pk. BT9 | | 26 | L22 | Innisfayle Gdns. BT15 | | 9 | N6 | Kansas Av. BT15 | | 14 | L10 |
| Hazelbrook Dr. BT14 | | 13 | F9 | Hillview Av. BT5 | | 22 | V16 | Innisfayle Pk. BT15 | | 8 | L7 | Kansas Av. Flats | | 14 | L10 |
| Hazelfield St. BT13 | | 19 | K13 | Hillview Ct. BT14 | | 14 | K12 | Innisfayle Pas. BT15 | | 9 | M7 | BT15 | | | |
| *Crimea St.* | | | | *Ewarts Pl.* | | | | Innisfayle Rd. BT15 | | 9 | M7 | Kashmir Rd. BT13 | | 19 | H15 |
| Hazelnut St. BT13 | | 14 | K12 | Hillview Pl., Hol. | | 11 | AA6 | **Institution Pl. BT12** | | **30** | **B2** | Kathleen Ct. BT5 | | 21 | R15 |
| Heather St. BT13 | | 19 | K13 | BT18 | | | | Institution Pl. BT12 | | 20 | L15 | Keadyville Av. BT15 | | 14 | N10 |
| Heatherbell St. BT5 | | 21 | S17 | Hillview Rd. BT14 | | 13 | J12 | Inver Av. BT15 | | 14 | K9 | Keatley St. BT5 | | 21 | R16 |
| Heathfield Ct. BT14 | | 14 | K11 | Hind St. BT5 | | 21 | S15 | Inver Pk., Hol. BT18 | | 11 | AA7 | Kells Av. BT11 | | 24 | B22 |
| *Torrens Rd.* | | | | Hindsdale Pk. BT6 | | 27 | S21 | Inverary Av. BT4 | | 22 | V13 | Kelvin Par. BT14 | | 14 | K10 |
| Heathfield Dr. BT14 | | 13 | J11 | Hogarth St. BT15 | | 14 | M12 | Inverary Dr. BT4 | | 22 | U13 | Kenard Av. BT12 | | 24 | C20 |
| Heathfield Rd. BT14 | | 14 | K11 | Holland Cres. BT5 | | 22 | V16 | Inveresk Par. BT4 | | 22 | V13 | Kenbaan Ct. BT5 | | 21 | R16 |
| Hector St. BT1 | | 20 | N14 | Holland Dr. BT5 | | 22 | V17 | Inverleith Dr. BT4 | | 22 | U13 | *Trillick St.* | | | |
| Helens Lea BT5 | | 29 | Z19 | Holland Gdns. BT5 | | 22 | V17 | Invernook Dr. BT4 | | 22 | U13 | Kenbaan St. BT5 | | 21 | R17 |
| Helgor Pk. BT4 | | 22 | V14 | Holland Pk. BT5 | | 22 | V17 | Invernook Pk. BT4 | | 22 | U13 | *Beersbridge Rd.* | | | |
| Helgor Pk. Ms. BT4 | | 22 | W14 | Hollycroft Av. BT5 | | 21 | T16 | Inverwood Ct. BT4 | | 22 | V13 | Kenbella Par. BT15 | | 14 | L9 |
| Hemp St. BT5 | | 21 | S15 | Holmdene Gdns. | | 13 | H11 | Inverwood Gdns. BT4 | | 22 | V13 | *Salisbury Av.* | | | |
| *Newtownards Rd.* | | | | BT14 | | | | Ireton St. BT7 | | 20 | M18 | Kendal Av. BT15 | | 19 | K14 |
| Henderson Av. BT15 | | 8 | K8 | Holmes Ct. BT1 | | 20 | N16 | Iris Ct. BT12 | | 19 | H16 | Kenilworth Pl. BT4 | | 21 | Q15 |
| Henderson Av. Flats | | 8 | K8 | *Verner St.* | | | | **Iris Ct. BT12** | | | | *Wolff Clo.* | | | |
| BT15 | | | | **Holmes St. BT2** | | **30** | **C4** | Iris Ct. BT12 | | 19 | H16 | **Kenmare Pk. BT12** | | **30** | **B5** |
| Henderson Ct. BT15 | | 8 | K8 | Holmes St. BT2 | | 20 | M16 | Iris Dr. BT12 | | 19 | H16 | Kenmare Pk. BT12 | | 20 | L17 |
| *Henderson Av.* | | | | Holyrood BT5 | | 26 | L20 | Iris Gro. BT12 | | 19 | H16 | Kennedy Way BT11 | | 24 | E19 |
| Henderson Ct., Hol. | | 17 | X11 | Holywood Bypass, | | 11 | Y8 | Iris Ms. BT12 | | 19 | H16 | Kennel Bri. BT4 | | 22 | X13 |
| BT18 | | | | Hol. BT18 | | | | Iris St. BT12 | | 19 | H16 | Kensington Av. BT5 | | 21 | T17 |
| **Henrietta St. BT2** | | **31** | **E4** | Holywood Rd. BT4 | | 21 | T15 | Iris Wk. BT12 | | 19 | H16 | Kensington Ct. BT5 | | 22 | U17 |
| Henrietta St. BT2 | | 20 | N16 | Holywood Rd., Hol. | | 22 | W13 | Irwell Ct. BT12 | | 19 | J17 | Kensington Dr. BT5 | | 23 | Y18 |
| Henry Pl. BT15 | | 20 | M13 | BT18 | | | | Irwin Av. BT4 | | 21 | T16 | Kensington Gdns. | | 22 | X18 |
| Henry Sq. BT1 | | 20 | N14 | **Hope St. BT12** | | **30** | **B4** | Irwin Cres. BT4 | | 22 | U15 | BT5 | | | |
| *Exchange St.* | | | | Hope St. BT12 | | 20 | L16 | Irwin Dr. BT4 | | 21 | T16 | Kensington Gdns. S. | | 22 | X18 |
| Henry St. BT15 | | 20 | M13 | Hopedene Ct. BT4 | | 22 | U15 | Isadora Av. BT13 | | 19 | G12 | BT5 | | | |
| Herat St. BT7 | | 26 | N19 | *Dundela Gdns.* | | | | Island St. BT4 | | 21 | R15 | Kensington Gdns. W. | | 22 | X18 |
| Herbert St. BT14 | | 13 | H12 | Hopedene Ms. BT4 | | 22 | U15 | Islandbawn Dr. BT12 | | 19 | H17 | BT5 | | | |
| Herdman Channel | | 15 | Q10 | *Dundela Av.* | | | | Islandbawn St. BT12 | | 19 | H17 | Kensington Gate BT5 | | 22 | X18 |
| Rd. BT3 | | | | Hopefield Av. BT15 | | 14 | L10 | Isoline St. BT5 | | 21 | S17 | Kensington Manor | | 23 | Y18 |
| Heron Av. BT3 | | 10 | V8 | Hopewell Av. BT13 | | 19 | K13 | Isthmus St. BT6 | | 21 | R17 | BT5 | | | |
| Heron Rd. BT3 | | 10 | V8 | Hopewell Cres. BT13 | | 20 | L14 | Ivan St. BT5 | | 14 | N11 | Kensington Pk. BT5 | | 22 | X18 |
| Herrons Row BT13 | | 19 | K14 | Hopewell Pl. BT13 | | 20 | L14 | Iveagh Cres. BT12 | | 19 | H17 | Kensington Rd. BT5 | | 22 | X18 |
| *Beresford St.* | | | | Hopewell Sq. BT13 | | 20 | L13 | Iveagh Dr. BT12 | | 19 | H17 | **Kensington St. BT12** | | **30** | **C6** |
| Hesketh Gdns. BT14 | | 13 | G11 | Horn Dr. BT11 | | 24 | B22 | Iveagh Par. BT12 | | 19 | H17 | Kensington St. BT12 | | 20 | L17 |
| Hesketh Pk. BT14 | | 13 | G11 | Horn Wk. BT11 | | 24 | B22 | Iveagh St. BT12 | | 19 | H17 | Kent St. BT1 | | 20 | M14 |
| Hesketh Rd. BT14 | | 13 | G11 | Hornby Cres. BT5 | | 21 | S15 | Iveagh Wk. BT12 | | 19 | H17 | Kernan Clo., New. | | 9 | M4 |
| Hewitt Par. BT5 | | 22 | V16 | Hornby Par. BT5 | | 21 | R15 | Iverna Clo. BT12 | | 19 | K17 | BT36 | | | |
| Hibernia St., Hol. | | 11 | Z6 | *Hornby St.* | | | | Iverna St. BT12 | | 19 | K17 | *Ballyhenry Hill* | | | |
| BT18 | | | | Hornby St. BT5 | | 21 | S16 | | | | | Kerrera Ct. BT14 | | 13 | H12 |
| High Link BT13 | | 18 | F15 | Horseshoe Ct. BT14 | | 13 | F8 | | | | | *Kerrera St.* | | | |
| High Pass BT13 | | 18 | F15 | Houston Ct. BT5 | | 22 | V16 | **J** | | | | Kerrera Ms. BT14 | | 13 | H12 |
| High Side BT13 | | 18 | F15 | Houston Dr. BT5 | | 22 | V16 | | | | | *Kerrera St.* | | | |
| *Highfield Av.* | | | | Houston Gdns. BT5 | | 22 | U18 | Jackson St. BT13 | | 20 | L14 | Kerrera St. BT14 | | 13 | H12 |
| **High St. BT1** | | **31** | **E2** | Houston Pk. BT5 | | 28 | U19 | *North Boundary St.* | | | | Kerrington Ct. BT9 | | 26 | K21 |
| High St. BT1 | | 20 | N15 | **Howard St. BT1** | | **30** | **C3** | Jacksons Rd., Hol. | | 11 | Y8 | Marlborough Pk. S. | | | |
| High St., Hol. BT18 | | 11 | Z6 | Howard St. BT1 | | 20 | M16 | BT18 | | | | Kerrsland Cres. BT5 | | 22 | V16 |
| High St., New. BT36 | | 9 | N4 | **Howard St. S. BT7** | | **31** | **E5** | Jaffa St. BT13 | | 19 | K13 | Kerrsland Ms. BT5 | | 22 | V16 |
| High St. Ct. BT1 | | 20 | N15 | Howard St. S. BT7 | | 20 | M17 | Jamaica St. BT14 | | 13 | J11 | Kerrsland Par. BT5 | | 22 | V16 |
| *Victoria St.* | | | | Howe St. BT13 | | 19 | K13 | *Jamaica St.* | | | | Keswick St. BT13 | | 19 | J13 |
| Highburn Cres. BT13 | | 18 | F14 | Hoylake Pk. BT14 | | 13 | H9 | Jamaica Rd. BT14 | | 13 | J11 | Keylands Pl. BT2 | | 20 | M16 |
| Highbury Gdns. BT13 | | 18 | F14 | Huddlestons Pk. BT5 | | 22 | Q15 | Jamaica St. BT14 | | 13 | J11 | *Amelia St.* | | | |
| Highbury Gdns. BT14 | | 13 | H12 | *Seaforde St.* | | | | Jamaica Way BT14 | | 13 | J11 | Kilbroney Bend BT6 | | 27 | S21 |
| Highcairn Dr. BT13 | | 18 | F14 | Hudson Pl. BT13 | | 20 | L14 | *Jamaica Rd.* | | | | Kilburn St. BT12 | | 19 | J18 |
| Highcliff Gdns. BT13 | | 18 | F14 | Hugh St. BT9 | | 25 | J21 | **James St. S. BT2** | | **30** | **C4** | Kilcoole Gdns. BT14 | | 8 | H7 |
| Highdene Gdns. BT13 | | 18 | F14 | Hughenden Av. BT15 | | 14 | L9 | James St. S. BT2 | | 20 | M16 | Kilcoole Pk. BT14 | | 8 | H7 |
| Highfern Gdns. BT13 | | 18 | F14 | Hughes Ct. BT6 | | 27 | R21 | Jameson St. BT7 | | 27 | P20 | Kildare Pl. BT13 | | 20 | M14 |
| Highfield Dr. BT13 | | 18 | F15 | Hugo St. BT12 | | 19 | G18 | James's Pas. BT7 | | 27 | N17 | Kildare St. BT13 | | 20 | M14 |
| Highgate BT13 | | 18 | F14 | Humber Ct. BT4 | | 21 | S15 | Jellicoe Av. BT15 | | 14 | M11 | Kilhorne Gdns. BT5 | | 22 | X18 |
| *West Circular Rd.* | | | | | | | | | | | | | | | |

| Name | | | Name | | | Name | | | Name | | |
|---|---|---|---|---|---|---|---|---|---|---|---|
| Killagan Bend BT6 | 27 | R20 | Knock Eden Par. BT6 | 27 | Q21 | Ladybrook Par. BT11 | 24 | C22 | Legmail St. BT14 | 13 | F10 |
| Killard Pl. BT10 | 25 | F24 | Knock Eden Pk. BT6 | 27 | Q21 | Ladybrook Pk. BT11 | 24 | C22 | *Crumlin Rd.* | | |
| Killarn Clo. BT6 | 28 | U20 | Knock Grn. BT5 | 28 | W19 | Ladymar Ct. BT12 | 19 | K16 | Legnavea St. BT14 | 12 | E9 |
| Killeen Pk. BT11 | 24 | D21 | Knock Gro. BT5 | 28 | V19 | *Lady St.* | | | Legoniel Pl. BT14 | 12 | E9 |
| Killen St. BT12 | 20 | L15 | Knock Hill Pk. BT5 | 28 | W16 | Ladymar Gro. BT12 | 19 | K16 | Leitrim St. BT6 | 21 | R17 |
| *College Sq. N.* | | | Knock Link BT5 | 22 | W18 | *Lady St.* | | | Lelia St. BT4 | 21 | S15 |
| Killowen St. BT14 | 21 | R18 | Knock Rd. BT5 | 28 | V20 | Ladymar Pk. BT12 | 19 | K16 | Lemberg St. BT12 | 19 | J17 |
| Kilmakee Pk. BT5 | 29 | AA19 | Knock Way BT5 | 28 | W19 | *Lady St.* | | | Lemonfield Av., | | 11 | AA7 |
| Kilmore Clo. BT13 | 19 | J15 | Knockbracken Pk. | 27 | Q22 | Ladymar Wk. BT12 | 19 | K16 | *Hol.* BT18 | | |
| Kilmore Sq. BT13 | 19 | J15 | BT6 | | | *Lady St.* | | | Lena St. BT5 | 21 | T16 |
| Kilmory Gdns. BT5 | 23 | AA18 | Knockbreda Dr. BT5 | 27 | Q22 | Ladymar Way BT12 | 19 | K16 | Lenadoon Av. BT11 | 24 | B21 |
| Kilronan St. BT15 | 14 | M12 | Knockbreda Gdns. | 27 | Q22 | *Lady St.* | | | Lenadoon Wk. BT11 | 24 | B22 |
| Kimberley Dr. BT7 | 26 | N21 | BT6 | | | Lagan Bk. Rd. BT1 | 31 | G3 | Lendrick St. BT5 | 21 | R15 |
| Kimberley St. BT7 | 26 | N20 | Knockbreda Pk. BT6 | 27 | Q22 | Lagan Bk. Rd. BT1 | 20 | P16 | Lennox Av. BT8 | 27 | Q24 |
| Kimona Dr. BT4 | 21 | T14 | Knockbreda Pk. Ms. | 27 | Q22 | Lagan Bri. BT1 | 20 | P14 | Lennoxvale BT9 | 26 | L20 |
| Kimona St. BT4 | 21 | T14 | BT6 | | | Lagan Bri. BT3 | 20 | P14 | Leopold Gdns. BT13 | 19 | H13 |
| Kimscourt BT5 | 22 | X18 | Knockbreda Rd. BT6 | 27 | P22 | Laganvale Ct. BT9 | 26 | M22 | Leopold Pk. BT13 | 19 | H13 |
| Kinallen Ct. BT7 | 26 | N19 | Knockburn Pk. BT5 | 23 | Z16 | Laganvale Manor | 26 | M22 | Leopold Pl. BT13 | 19 | J13 |
| Kinallen Pk. BT7 | 26 | N19 | Knockcastle Pk. BT5 | 22 | X18 | BT9 | | | Leopold St. BT13 | 19 | H13 |
| *Kinallen Ct.* | | | Knockdarragh Pk. | 23 | Y13 | Laganvale St. BT9 | 26 | M21 | Leoville St. BT13 | 19 | H15 |
| Kinbane Way BT10 | 25 | F24 | BT4 | | | Laganview Ct. BT5 | 31 | G2 | Lepper St. BT15 | 20 | M13 |
| Kincora Av. BT4 | 22 | V16 | Knockdene Pk. BT5 | 22 | X17 | Laganview Ct. BT5 | 20 | P15 | Leroy St. BT14 | 13 | F10 |
| Kincraig Av. BT5 | 23 | AA18 | Knockdene Pk. N. BT5 | 22 | X16 | Laganview Ms. BT5 | 31 | G2 | Leven Clo. BT5 | 23 | AA18 |
| Kinedar Cres. BT4 | 22 | W15 | Knockdene Pk. S. BT5 | 22 | X16 | Laganview Ms. BT5 | 20 | P15 | *Leven Dr.* | | |
| King St. BT1 | 30 | C2 | Knockdhu Pk. BT11 | 24 | C20 | Lake Glen Av. BT11 | 25 | F19 | Leven Cres. BT5 | 23 | AA18 |
| King St. BT1 | 20 | M15 | Knockland Pk. BT5 | 23 | Z17 | Lake Glen Cres. BT11 | 24 | E19 | Leven Dr. BT5 | 23 | AA18 |
| King St. Ms. BT1 | 30 | B2 | Knocklofty Ct. BT4 | 22 | W15 | Lake Glen Cres. BT11 | 24 | E19 | Leven Pk. BT5 | 23 | AA18 |
| King St. Ms. BT1 | 20 | L15 | Knocklofty Pk. BT4 | 22 | W15 | Lake Glen Dr. BT11 | 24 | E19 | Leven Pl. BT5 | 23 | AA18 |
| Kings Brae BT5 | 23 | Z17 | Knockmarloch Pk. | 23 | Y13 | Lake Glen Grn. BT11 | 25 | F19 | *Leven Dr.* | | |
| King's Bri. BT7 | 26 | N20 | BT4 | | | Lake Glen Par. BT11 | 25 | F19 | Lever St. BT14 | 12 | E8 |
| King's Bri. BT9 | 26 | N20 | Knockmount Gdns. | 22 | W18 | *Lake Glen Dr.* | | | Library Ct. BT4 | 22 | W16 |
| Kings Ct. BT10 | 25 | G23 | BT5 | | | Lake Glen Pk. BT11 | 24 | E19 | Library St. BT1 | 20 | M14 |
| Kings Ct. BT15 | 20 | M14 | Knockmount Pk. BT5 | 22 | W18 | Lanark Way BT13 | 19 | H14 | Lichfield Av. BT5 | 21 | T17 |
| *Lancaster St.* | | | Knocknagoney Av. | 17 | X11 | Lancaster St. BT15 | 20 | M14 | Liffey St. BT14 | 14 | K12 |
| Kings Cres. BT5 | 22 | X17 | BT4 | | | *Lancaster St.* | | | *Shannon St.* | | |
| Kings Dr. BT5 | 22 | X17 | Knocknagoney Dale | 16 | W11 | Lancedean Rd. BT6 | 27 | S22 | Ligoniel Pl. BT14 | 12 | E9 |
| Kings Link BT5 | 23 | Z17 | BT4 | | | Lancefield Rd. BT9 | 25 | J21 | Ligoniel Rd. BT14 | 12 | E8 |
| Kings Manor BT5 | 23 | Y17 | Knocknagoney Dr. | 17 | X11 | Landscape Ter. BT14 | 19 | K13 | Lille Pk. BT10 | 24 | E24 |
| Kings Pk. BT5 | 22 | X17 | BT4 | | | Landseer St. BT9 | 26 | M19 | Lilliput Ct. BT15 | 14 | N12 |
| Kings Rd. BT5 | 22 | W17 | Knocknagoney | 17 | X11 | Langholm Row BT5 | 23 | AA17 | *Clanmorris St.* | | |
| Kings Sq. BT5 | 23 | Y17 | Gdns. BT4 | | | Langley St. BT13 | 19 | J13 | Lilliput St. BT15 | 14 | N12 |
| Kings Vale BT5 | 22 | W17 | Knocknagoney Grn. | 17 | X11 | *Tennent St.* | | | Lime Ct. BT13 | 20 | L14 |
| Kingsberry Pk. BT6 | 27 | Q22 | BT4 | | | Lansdowne Dr. BT15 | 9 | M8 | Limegrove BT15 | 9 | M7 |
| Kingscourt St. BT6 | 21 | R17 | Knocknagoney Gro. | 17 | X11 | Lansdowne Pk. BT15 | 9 | M8 | Limehill Gro. BT14 | 13 | F9 |
| Kingsdale Pk. BT5 | 23 | Y17 | BT4 | | | Lansdowne Pk. N. | 9 | M7 | *Leginn St.* | | |
| Kingsden Pk. BT5 | 22 | W18 | Knocknagoney Pk. | 16 | W11 | BT15 | | | Limehill St. BT14 | 12 | E9 |
| Kingsland Dr. BT5 | 23 | Z18 | BT4 | | | *Lavens Dr.* | | | Limepark Ms. BT14 | 13 | F10 |
| Kingsland Pk. BT5 | 23 | Z18 | Knocknagoney Rd. | 16 | W11 | Lansdowne Rd. BT15 | 9 | M7 | Limepark St. BT14 | 13 | F10 |
| Kingsley Ct. BT4 | 22 | V15 | BT4 | | | Lanyon Pl. BT1 | 31 | G3 | *Lavens Dr.* | | |
| Kingsmere Av. BT14 | 13 | J10 | Knocknagoney Way | 17 | X11 | Lanyon Pl. BT1 | 20 | P16 | Limestone Rd. BT15 | 14 | L11 |
| Kingston Ct. BT14 | 13 | J11 | BT4 | | | Larch Hill. Hol. BT18 | 11 | Z8 | Limewood Gro. BT4 | 22 | W15 |
| *Jamaica Rd.* | | | *Knocknagoney Av.* | | | *Loughview Av.* | | | *Kincora Av.* | | |
| Kingsway Av. BT5 | 23 | Y18 | Knocktern Gdns. BT4 | 22 | X16 | Larch St. BT5 | 21 | R16 | Lincoln Av. BT14 | 20 | L13 |
| Kingsway Clo. BT5 | 23 | Y18 | Knockvale Gro. BT5 | 22 | W17 | *Trillick St.* | | | Lincoln Pl. BT12 | 30 | C4 |
| Kingsway Dr. BT5 | 23 | Y17 | Knockvale Pk. BT5 | 22 | W17 | Larkfield Ct. BT4 | 22 | U14 | Lincoln Pl. BT12 | 20 | M16 |
| Kingsway Gdns. BT5 | 23 | Y18 | Knockwood Cres. | 22 | V18 | *Larkfield Rd.* | | | Lincoln Sq. BT12 | 19 | K16 |
| Kingsway Pk. BT5 | 23 | Y18 | BT5 | | | Larkfield Dr. BT4 | 21 | T13 | *Abyssinia St.* | | |
| Kingswood St. BT5 | 21 | R16 | Knockwood Dr. BT5 | 22 | W18 | Larkfield Gdns. BT4 | 22 | U13 | Linden Gdns. BT14 | 14 | K11 |
| Kinnaird Clo. BT14 | 14 | L12 | Knockwood Gro. BT5 | 22 | W18 | Larkfield Gro. BT4 | 22 | U14 | Linden St. BT13 | 19 | J16 |
| Kinnaird Pl. BT14 | 14 | L12 | Knockwood Pk. BT5 | 22 | W18 | Larkfield Manor BT4 | 21 | T14 | *Falls Rd.* | | |
| Kinnaird St. BT14 | 14 | L13 | Knoxford Dr. BT14 | 14 | K10 | Larkfield Pk. BT4 | 22 | U14 | Lindsay Ct. BT7 | 20 | N17 |
| Kinnaird Ter. BT14 | 20 | L13 | Koram Ring BT11 | 24 | E20 | Larkfield Rd. BT4 | 22 | U14 | *Lindsay St.* | | |
| *Kinnaird Pl.* | | | *South Link* | | | Larkstone St. BT9 | 25 | H21 | Lindsay St. BT7 | 30 | D5 |
| Kinnegar Av., Hol. | 11 | Y6 | Kyle St. BT4 | 21 | T14 | *Lisburn Rd.* | | | Lindsay St. BT7 | 20 | M17 |
| BT18 | | | Kylemore Pk. BT14 | 8 | J8 | Laurel Wd. BT8 | 26 | N23 | Lindsay Way BT7 | 20 | M17 |
| Kinnegar Ct., Hol. | 11 | Y6 | | | | Laurelvale BT4 | 22 | W15 | *Lindsay St.* | | |
| BT18 | | | | | | Lavens Dr. BT14 | 13 | F10 | Linen Gro. BT14 | 13 | F9 |
| Kinnegar Dr., Hol. | 11 | Y6 | **L** | | | Lawnbrook Av. BT13 | 19 | J15 | Linen Hall St. BT2 | 30 | D3 |
| BT18 | | | La Salle Dr. BT12 | 19 | H17 | Lawnbrook Dr. BT13 | 19 | J14 | Linen Hall St. BT2 | 20 | M16 |
| Kinnegar Rd. BT10 | 25 | F24 | La Salle Gdns. BT12 | 19 | H17 | *Lawnbrook Av.* | | | Linen Hall St. W. BT2 | 30 | D4 |
| Kinnegar Rd., Hol. | 11 | Y6 | La Salle Ms. BT12 | 19 | H17 | Lawnbrook Sq. BT13 | 19 | J14 | Linen Hall St. W. BT2 | 20 | M16 |
| BT18 | | | *La Salle Dr.* | | | *Lawnbrook Av.* | | | Linfield Av. BT12 | 20 | L17 |
| Kinross Av. BT5 | 23 | AA17 | La Salle Pk. BT12 | 19 | H17 | Lawnmount St. BT6 | 21 | Q17 | *Linfield Rd.* | | |
| Kirk St. BT13 | 19 | H14 | Laburnum Ct. BT5 | 21 | T16 | Lawnview St. BT13 | 19 | H14 | Linfield Dr. BT12 | 20 | L17 |
| Kirkliston Dr. BT5 | 22 | U16 | Laburnum La. BT5 | 21 | T16 | Lawrence St. BT7 | 20 | M18 | *Linfield Rd.* | | |
| Kirkliston Gdns. BT5 | 22 | V17 | *Bloomfield Av.* | | | Laws St. BT1 | 20 | M14 | Linfield Gdns. BT12 | 20 | L17 |
| Kirkliston Pk. BT5 | 22 | U17 | Laburnum St. BT5 | 21 | T16 | Lawther Ct. BT15 | 14 | M11 | *Linfield Rd.* | | |
| Kirklowe Dr. BT10 | 24 | E24 | Lackagh Ct. BT4 | 21 | Q15 | Lawyer Gdns. BT12 | 20 | L17 | Linfield Rd. BT12 | 30 | B5 |
| Kirn Pk. BT5 | 23 | AA18 | Ladas Dr. BT6 | 27 | S20 | *Linfield Rd.* | | | Linfield Rd. BT12 | 20 | L17 |
| Kitchener Dr. BT12 | 19 | J18 | Ladas Wk. BT6 | 27 | S19 | Lead Hill BT6 | 28 | V20 | Linfield St. BT12 | 20 | L17 |
| Kitchener St. BT12 | 19 | J18 | Ladbrook Dr. BT14 | 13 | H12 | Lead Hill Pk. BT6 | 28 | V20 | *Linfield Rd.* | | |
| Klondyke St. BT13 | 19 | K14 | Lady St. BT12 | 19 | K16 | Lead Hill Vw. BT6 | 28 | V20 | Linview Ct. BT12 | 19 | K16 |
| Knights Grn. BT6 | 27 | S19 | Ladybrook Av. BT11 | 24 | C22 | Lecale St. BT12 | 19 | J18 | *Excise Wk.* | | |
| Knightsbridge | 26 | L23 | Ladybrook Cres. | 24 | C22 | Lecumpher St. BT5 | 21 | S17 | Lisavon Dr. BT4 | 21 | T14 |
| Manor BT9 | | | BT11 | | | Ledley Hall Clo. BT5 | 21 | S17 | Lisavon Par. BT4 | 21 | T14 |
| Knightsbridge Ms. | 26 | L23 | Ladybrook Cross | 24 | C23 | *Avoniel Rd.* | | | Lisavon St. BT4 | 21 | T14 |
| BT9 | | | BT11 | | | Leeson St. BT12 | 19 | K16 | Lisbon St. BT5 | 21 | Q16 |
| Knightsbridge Pk. | 26 | L23 | Ladybrook Dr. BT11 | 24 | C22 | Leestone St. BT11 | 24 | B22 | Lisburn Av. BT9 | 25 | J20 |
| BT9 | | | Ladybrook Gdns. | 24 | D22 | *Kells Av.* | | | Lisburn Rd. BT9 | 25 | H22 |
| Knock Eden Cres. | 27 | Q21 | BT11 | | | Legann St. BT14 | 13 | F10 | Lisdarragh Pk. BT14 | 8 | K8 |
| BT6 | | | Ladybrook Gro. | 24 | D22 | Leganoe St. BT14 | 12 | E9 | **Lisfaddan Cres. BT12** | **30** | **A2** |
| Knock Eden Dr. BT6 | 27 | Q21 | BT11 | | | Leggagh St. BT14 | 12 | E9 | Lisfaddan Cres. BT12 | 20 | L15 |
| Knock Eden Gro. BT6 | 27 | Q21 | | | | Leginn St. BT14 | 12 | E9 | **Lisfaddan Dr. BT12** | **30** | **A2** |

40

| Name | BT | Col1 | Col2 | Name | BT | Col1 | Col2 | Name | BT | Col1 | Col2 | Name | BT | Col1 | Col2 |
|---|---|---|---|---|---|---|---|---|---|---|---|---|---|---|---|
| Lisfaddan Dr. BT12 | | 20 | L15 | Lower Clara Cres. | | 21 | T17 | Malone Ct. Ms. BT9 | | 25 | J23 | Martello Ter., Hol. | | 11 | AA6 |
| Cullingtree Rd. | | | | BT5 | | | | Malone Ct. | | | | BT18 | | | |
| **Lisfaddan Pl. BT12** | | **30** | **A2** | Clara Av. | | | | Malone Gra. BT9 | | 26 | K23 | Martin St. BT5 | | 21 | R16 |
| Lisfaddan Pl. BT12 | | 20 | L15 | Lower Clonard St. | | 19 | J16 | Malone Hill Pk. BT9 | | 25 | J23 | Martinez Av. BT5 | | 21 | T16 |
| Cullingtree Rd. | | | | BT12 | | | | Malone Meadows | | 25 | J24 | Marylebone Pk. BT9 | | 26 | M22 |
| **Lisfaddan Way BT12** | | **30** | **A2** | Lower Cres. BT7 | | 20 | M18 | BT9 | | | | Maryville Av. BT9 | | 25 | J20 |
| Lisfaddan Way BT12 | | 20 | L15 | Lower Garfield St. | | 20 | M15 | Malone Pk. BT9 | | 25 | H22 | Maryville Ct. BT7 | | 20 | M17 |
| Lislea Av. BT9 | | 25 | H21 | BT1 | | | | Malone Pk. Cen. BT9 | | 25 | J23 | *Maryville St.* | | | |
| *Lisburn Rd.* | | | | Lower Kilburn St. | | 19 | J17 | Malone Pk. La. BT9 | | 25 | H22 | Maryville Pk. BT9 | | 25 | H21 |
| Lislea Dr. BT9 | | 25 | J20 | BT12 | | | | Malone Pl. BT12 | | 20 | L18 | **Maryville St. BT7** | | **30** | **D6** |
| Lisleen Rd. BT5 | | 29 | Z21 | Lower Mt. St. BT5 | | 21 | Q16 | Malton Dr. BT9 | | 25 | G24 | Maryville St. BT7 | | 20 | M17 |
| Lismain St. BT6 | | 21 | R18 | *Mount St.* | | | | Malton Fold BT9 | | 25 | G24 | Mashona Ct. BT6 | | 21 | R18 |
| Lismore St. BT6 | | 21 | Q17 | Lower Regent St. | | 20 | M14 | Malvern Clo. BT13 | | 19 | K13 | Massareene Path | | 19 | K16 |
| Lismoyne Pk. BT15 | | 8 | L7 | BT13 | | | | Malvern Pl. BT13 | | 20 | L14 | BT12 | | | |
| Lisnasharragh Pk. | | 28 | U21 | Lower Rockview St. | | 19 | J17 | *Malvern St.* | | | | *Cullingtree Rd.* | | | |
| BT6 | | | | BT12 | | | | Malvern St. BT13 | | 20 | L14 | Massey Av. BT4 | | 23 | Y14 |
| Lisnasharragh Rd. | | 28 | U21 | **Lower Stanfield St.** | | **31** | **F4** | Malvern Way BT13 | | 20 | L13 | Massey Ct. BT4 | | 23 | Z14 |
| BT6 | | | | BT7 | | | | Malwood Clo. BT9 | | 25 | G24 | Massey Grn. BT4 | | 23 | Y14 |
| Lisnasharragh Ter. | | 28 | U21 | Lower Stanfield St. | | 20 | N16 | *Malwood Pk.* | | | | Massey Pk. BT4 | | 23 | Z14 |
| BT6 | | | | BT7 | | | | Manderson St. BT4 | | 21 | S15 | Matchett St. BT13 | | 19 | J13 |
| *Lisnasharragh Pk.* | | | | Lower Windsor Av. | | 25 | J19 | Manilla St. BT14 | | 13 | J11 | **Matilda Av. BT12** | | **30** | **B6** |
| Lissan Clo. BT6 | | 27 | R21 | BT9 | | | | Manna Gro. BT5 | | 21 | T18 | Matilda Av. BT12 | | 20 | L17 |
| Lissan Link BT6 | | 20 | R21 | Lowland Av. BT5 | | 23 | AA18 | Mann's Rd. BT5 | | 29 | AA21 | *Tierney Gdns.* | | | |
| *Lissan Clo.* | | | | Lowland Gdns. BT5 | | 23 | AA18 | Manor, The BT10 | | 24 | C24 | **Matilda Dr. BT12** | | **30** | **B6** |
| Lisvarna Hts. BT12 | | 19 | K16 | *Lowland Av.* | | | | Manor Ct. BT14 | | 14 | K12 | Matilda Dr. BT12 | | 20 | L17 |
| Lisvarna Pl. BT12 | | 19 | K16 | Lowland Wk. BT5 | | 23 | AA18 | Manor Dr. BT14 | | 14 | K12 | *Blythe St.* | | | |
| Little Corporation St. | | 20 | N14 | *Kilmory Gdns.* | | | | Manor Ms. BT10 | | 24 | C24 | **Matilda Gdns. BT12** | | **30** | **A6** |
| BT15 | | | | Lowwood Gdns. BT15 | | 9 | N7 | Manor St. BT14 | | 14 | K12 | Matilda Gdns. BT12 | | 20 | L17 |
| *Corporation St.* | | | | Lowwood Pk. BT15 | | 9 | M7 | Mansfield St. BT13 | | 19 | K14 | *Mabel Ct.* | | | |
| Little Donegall St. | | 20 | M14 | Lucerne Par. BT9 | | 26 | M21 | *Downing St.* | | | | Mawhinneys Ct. | | 20 | L15 |
| BT1 | | | | Lucknow St. BT13 | | 19 | H15 | Maple Ct., Hol. BT18 | | 11 | Z8 | BT13 | | | |
| Little Edward St. BT1 | | 20 | N14 | Ludlow Sq. BT15 | | 20 | M13 | *Loughview St.* | | | | *Melbourne St.* | | | |
| *Edward St.* | | | | Lupus Gro. BT14 | | 13 | F8 | Mara Gdns., Hol. | | 11 | Z5 | **Maxwell St. BT12** | | **30** | **B6** |
| Little Georges St. | | 20 | M13 | Luxor Gdns. BT5 | | 21 | T17 | BT18 | | | | Maxwell St. BT12 | | 20 | L17 |
| BT15 | | | | Lyle St. BT13 | | 19 | K13 | *Strand Av.* | | | | Maxwells Pl. BT12 | | 20 | L17 |
| *Henry St.* | | | | Lyndhurst Av. BT13 | | 18 | E13 | Maralin Pl. BT15 | | 20 | M13 | *Maxwell St.* | | | |
| Little Grosvenor St. | | 19 | K16 | Lyndhurst Clo. BT13 | | 18 | F13 | *Sheridan St.* | | | | **May St. BT1** | | **31** | **E3** |
| BT12 | | | | Lyndhurst Ct. BT13 | | 18 | E13 | March St. BT13 | | 19 | H14 | May St. BT1 | | 20 | N16 |
| *Burnaby Pl.* | | | | Lyndhurst Cres. BT13 | | 18 | E13 | Marchioness Grn. | | 19 | K16 | Mayfair Av. BT6 | | 27 | S20 |
| **Little May St. BT2** | | **31** | **E3** | Lyndhurst Dr. BT13 | | 18 | F13 | BT12 | | | | Mayfair Ct. BT14 | | 14 | K12 |
| Little May St. BT2 | | 20 | N16 | Lyndhurst Gdns. | | 18 | F13 | *Marchioness St.* | | | | *Ardilea St.* | | | |
| Little Patrick St. BT15 | | 20 | N14 | BT13 | | | | Marchioness St. | | 19 | K16 | Mayfield St. BT9 | | 25 | J20 |
| **Little Victoria St.** | | **30** | **C4** | Lyndhurst Gro. BT13 | | 18 | F13 | BT12 | | | | Mayflower St. BT5 | | 21 | S17 |
| BT2 | | | | Lyndhurst Hts. BT13 | | 18 | E13 | **Marcus Ward St. BT7** | | **30** | **D5** | Maymount St. BT6 | | 21 | Q17 |
| Little Victoria St. BT2 | | 20 | M16 | Lyndhurst Link BT13 | | 18 | E13 | Marcus Ward St. BT7 | | 20 | M17 | Mayo Ct. BT13 | | 19 | H14 |
| Little York St. BT15 | | 20 | N14 | Lyndhurst Meadows | | 18 | E13 | Marfield St. BT4 | | 21 | R15 | Mayo Link BT13 | | 19 | H14 |
| Locan St. BT12 | | 19 | H16 | BT13 | | | | *St. Leonards St.* | | | | *Mayo St.* | | | |
| Lochinver Dr. BT5 | | 23 | AA18 | Lyndhurst Par. BT13 | | 18 | F13 | Marguerite Pk. BT10 | | 25 | F23 | Mayo Pl. BT13 | | 19 | H14 |
| Locksley Dr. BT10 | | 25 | F23 | Lyndhurst Pk. BT13 | | 18 | E13 | Marina Pk. BT5 | | 22 | U18 | Mayo St. BT13 | | 19 | H14 |
| Locksley Gdns. BT10 | | 25 | F24 | Lyndhurst Path BT13 | | 18 | E13 | Marine Par., Hol. | | 11 | Z5 | **Mays Meadow BT1** | | **31** | **G3** |
| Locksley Gro. BT10 | | 25 | F23 | Lyndhurst Pl. BT13 | | 18 | E13 | BT18 | | | | Mays Meadow BT1 | | 20 | P16 |
| Locksley Par. BT10 | | 25 | F24 | Lyndhurst Ri. BT13 | | 18 | F13 | Marine St. BT15 | | 20 | P13 | McAdam Gdns. BT12 | | 20 | L17 |
| Locksley Pk. BT10 | | 25 | F23 | Lyndhurst Row BT13 | | 18 | E13 | Marino Pk., Hol. | | 11 | BB4 | *Linfield Rd.* | | | |
| Locksley Pl. BT10 | | 25 | F23 | Lyndhurst Vw. BT13 | | 18 | E13 | BT18 | | | | **McAdam Pk. BT12** | | **30** | **B5** |
| *Locksley Pk.* | | | | Lyndhurst Vw. Pk. | | 18 | E13 | **Market St. BT1** | | **31** | **F3** | McAdam Pk. BT12 | | 20 | L17 |
| Lockview Ct. BT9 | | 26 | M21 | BT13 | | | | Market St. BT1 | | 20 | N16 | McAllister Ct. BT4 | | 21 | S15 |
| Lockview Rd. BT9 | | 26 | M21 | Lyndhurst Vw. Rd. | | 18 | E13 | **Market St. BT7** | | **31** | **F4** | *Mersey St.* | | | |
| **Lombard St. BT1** | | **30** | **D1** | BT13 | | | | Market St. BT7 | | 20 | M17 | McArthur Ct. BT4 | | 21 | R15 |
| Lombard St. BT1 | | 20 | M15 | Lyndhurst Wk. BT13 | | 18 | E13 | Marlborough Av. BT9 | | 25 | J20 | **McAuley St. BT7** | | **31** | **F5** |
| *Rosemary St.* | | | | Lyndhurst Way BT13 | | 18 | F13 | *Lisburn Av.* | | | | McAuley St. BT7 | | 20 | N17 |
| Lomond Av. BT4 | | 21 | T15 | Lynwood Pk., Hol. | | 11 | AA7 | Marlborough Ct. BT1 | | 20 | N15 | McCandless St. BT13 | | 19 | J13 |
| Lomond St. BT4 | | 21 | T15 | BT18 | | | | *Princes St.* | | | | McCaughan Pk. BT6 | | 28 | T21 |
| London Rd. BT6 | | 21 | Q18 | | | | | Marlborough Ct. BT9 | | 25 | J20 | McCaughey Rd. BT3 | | 15 | Q12 |
| London St. BT6 | | 21 | Q17 | **M** | | | | *Lisburn Rd.* | | | | **McCavanas St. BT2** | | **30** | **D4** |
| Longacre BT8 | | 27 | P23 | | | | | Marlborough Gdns. | | 26 | K21 | McCavanas St. BT2 | | 20 | M16 |
| Loopland Cres. BT6 | | 21 | R18 | **Mabel Ct. BT12** | | **30** | **A6** | BT9 | | | | McCleery St. BT15 | | 20 | M13 |
| Loopland Dr. BT6 | | 21 | R18 | Mabel Ct. BT12 | | 20 | L17 | Marlborough Hts. | | 28 | U21 | *North Hill St.* | | | |
| Loopland Gdns. BT6 | | 21 | S18 | Mabel St. BT12 | | 20 | L17 | BT6 | | | | **McClintock St. BT2** | | **30** | **C4** |
| Loopland Gro. BT6 | | 21 | S18 | *Utility St.* | | | | Marlborough Pk. | | 25 | J21 | McClintock St. BT2 | | 20 | M16 |
| Loopland Par. BT6 | | 21 | S18 | Macart Rd. BT3 | | 20 | P14 | Cen. BT9 | | | | McClure St. BT7 | | 20 | M18 |
| *Loopland Pk.* | | | | Mackey St. BT15 | | 14 | M12 | Marlborough Pk. | | 26 | K21 | **McDonnell Ct. BT12** | | **19** | **K16** |
| Loopland Pk. BT6 | | 21 | S18 | Madison Av. BT15 | | 14 | L10 | Cross Av. BT9 | | | | *Servia St.* | | | |
| Loopland Rd. BT6 | | 21 | S18 | Madison Av. E. BT4 | | 21 | T15 | Marlborough Pk. N. | | 25 | J20 | McDonnell St. BT12 | | 19 | K16 |
| Lord St. BT5 | | 21 | R16 | Madras St. BT12 | | 19 | J13 | BT9 | | | | McIvors Pl. BT13 | | 20 | L15 |
| Lorne St. BT9 | | 26 | K19 | Madrid Ct. BT5 | | 21 | Q16 | Marlborough Pk. S. | | 25 | J21 | *Brown St.* | | | |
| Lothair Av. BT15 | | 14 | L11 | *Madrid St.* | | | | BT9 | | | | McKibbens Ct. BT1 | | 20 | M14 |
| Lothian Av. BT5 | | 23 | AA18 | Madrid St. BT5 | | 21 | Q16 | Marlfield Dr. BT5 | | 29 | X19 | *North St.* | | | |
| Louden St. BT13 | | 20 | L15 | Magdala St. BT7 | | 20 | M18 | Marlfield Ri. BT5 | | 29 | Y19 | McMaster St. BT5 | | 21 | R15 |
| Lough Lea BT5 | | 21 | Q15 | Magees La. BT15 | | 20 | M13 | Marmont Cres. BT4 | | 16 | W12 | McMullans La. BT6 | | 21 | Q17 |
| Loughrey Ct. BT15 | | 14 | L10 | Maghies Pl. BT6 | | 21 | R17 | Marmont Dr. BT4 | | 16 | W12 | McQuillan St. BT13 | | 19 | J16 |
| Loughview Av., Hol. | | 11 | Z8 | *Pearl St.* | | | | Marmont Pk. BT4 | | 16 | W12 | *Colligan St.* | | | |
| BT18 | | | | Main St., New. BT36 | | 9 | N5 | Marmount Gdns. | | 13 | H10 | Meadowbank Pl. BT9 | | 25 | J19 |
| Loughview Dr. BT6 | | 27 | R23 | **Majestic Dr. BT12** | | **30** | **B6** | BT14 | | | | Meadowbank BT9 | | 26 | K19 |
| Loughview St. BT14 | | 13 | F10 | Majestic Dr. BT12 | | 20 | L17 | **Marquis St. BT1** | | **30** | **C2** | Medway St. BT4 | | 21 | R15 |
| *Crumlin Rd.* | | | | Major St. BT7 | | 21 | R15 | Marquis St. BT1 | | 20 | M15 | *Medway St.* | | | |
| Loughview Ter. | | 14 | N10 | Malcomson St. BT13 | | 19 | J16 | Marsden Gdns. BT15 | | 14 | L10 | Medway St. BT4 | | 21 | R15 |
| BT15 | | | | Maldon St. BT12 | | 19 | J17 | Marsden Gdns. Flats | | 14 | L10 | Meekon St. BT4 | | 21 | S15 |
| Lovatt St. BT5 | | 21 | T16 | Malfin Dr. BT9 | | | | BT15 | | | | Melbourne St. BT13 | | 19 | K15 |
| *Ravenscroft Av.* | | | | Malinmore Pk. BT11 | | 24 | B22 | *Marsden Gdns.* | | | | *Melbourne St.* | | | |
| Lower Braniel Rd. | | 28 | W20 | Malone Av. BT9 | | | | Marsden Ter. BT15 | | 14 | L10 | **Melbourne St. BT9** | | **30** | **B2** |
| BT5 | | | | Malone Beeches BT9 | | 25 | J23 | *Marsden Gdns.* | | | | Melbourne St. BT13 | | 20 | L15 |
| Lower California St. | | 19 | K13 | *Norton Dr.* | | | | Marshall St. BT1 | | 20 | N14 | Melfort St. BT15 | | | |
| BT13 | | | | Malone Chase BT9 | | 26 | L20 | *Dunbar St.* | | | | Melrose Av. BT4 | | 23 | Z18 |
| *Old Lo. Rd.* | | | | Malone Ct. BT9 | | 25 | J23 | Marshalls Rd. BT5 | | 28 | T19 | Melrose St. BT9 | | 26 | K19 |

41

| Street | Page | Grid | | Street | Page | Grid | | Street | Page | Grid | | Street | Page | Grid |
|---|---|---|---|---|---|---|---|---|---|---|---|---|---|---|
| Meridi St. BT12 | 19 | J17 | | Mornington Pl. BT7 | 26 | N22 | | Mountforde Pk. BT5 | 21 | Q15 | | Norfolk Gro. BT11 | 18 | E18 |
| Merkland Pl. BT13 | 19 | H25 | | Morpeth St. BT13 | 19 | K14 | | *Mountforde Rd.* | | | | Norfolk Par. BT11 | 18 | E18 |
| Merkland St. BT13 | 19 | H25 | | *Tyne St.* | | | | Mountforde Rd. BT5 | 21 | Q15 | | Norfolk Rd. BT11 | 18 | E18 |
| Merok Cres. BT6 | 28 | T20 | | Moscow St. BT13 | 19 | K14 | | Mountjoy St. BT13 | 19 | J14 | | Norfolk Way BT11 | 18 | E18 |
| Merok Dr. BT6 | 28 | T20 | | *Shankill Rd.* | | | | Mountpottinger Link | 21 | Q15 | | Norglen Ct. BT11 | 18 | E17 |
| Merok Gdns. BT6 | 28 | T21 | | Moss Rd., Hol. BT18 | 17 | AA12 | | BT5 | | | | Norglen Cres. BT11 | 18 | E18 |
| Merok Pk. BT6 | 28 | T21 | | Mossvale St. BT13 | 19 | H13 | | Mountpottinger Rd. | 21 | Q16 | | Norglen Dr. BT11 | 18 | E18 |
| Merryfield Dr. BT15 | 8 | K8 | | Motelands BT4 | 17 | X12 | | BT5 | | | | Norglen Gdns. BT11 | 18 | D18 |
| Mersey St. BT4 | 21 | S15 | | Mount, The BT5 | 21 | Q16 | | Mountview Ct. BT14 | 14 | K12 | | Norglen Gro. BT11 | 18 | E18 |
| Merston Gdns., | 9 | M4 | | Mount Aboo Pk. | 24 | E24 | | Mountview St. BT14 | 14 | K12 | | Norglen Par. BT11 | 18 | D17 |
| New. BT36 | | | | BT10 | | | | Mourne St. BT5 | 21 | S16 | | Norglen Rd. BT11 | 18 | D18 |
| Mertoun Pk. BT4 | 17 | X11 | | Mount Alverno BT12 | 18 | D17 | | Mowhan St. BT9 | 25 | J21 | | North Bk. BT6 | 27 | R20 |
| Mervue Ct. BT15 | 14 | M12 | | Mount Carmel BT15 | 8 | L8 | | Moyallon Gdns. BT7 | 27 | P22 | | North Boundary St. | 20 | L14 |
| Mervue St. BT15 | 14 | M12 | | Mount Charles BT7 | 20 | M18 | | Moyard Cres. BT12 | 18 | E15 | | BT13 | | |
| Meyrick Pk. BT14 | 8 | H8 | | Mount Coole Gdns. | 8 | J8 | | Moyard Par. BT12 | 18 | E16 | | North Circular Rd. | 8 | K8 |
| Mica Dr. BT12 | 19 | G16 | | BT14 | | | | Moyard Pk. BT12 | 18 | E15 | | BT14 | | |
| Mica St. BT12 | 19 | G16 | | Mount Coole Pk. | 8 | J8 | | Moyne Pk. BT5 | 29 | Z19 | | North Circular Rd. | 8 | K7 |
| Middle Braniel Rd. | 29 | X22 | | BT14 | | | | Moyola St. BT15 | 14 | M12 | | BT15 | | |
| BT5 | | | | Mount Eden Pk. BT9 | 25 | J23 | | Mulhouse Rd. BT12 | 19 | K16 | | North Clo., Hol. BT18 | 11 | Z7 |
| **Middlepath St. BT5** | **31** | **G1** | | Mount Merrion BT6 | 27 | R20 | | **Murray St. BT1** | **30** | **C3** | | North Derby St. BT15 | 14 | N11 |
| Middlepath St. BT5 | 20 | P15 | | Mount Merrion Av. | 27 | R21 | | Murray St. BT1 | 20 | M16 | | North Gdns. BT5 | 22 | U17 |
| Midland Clo. BT15 | 14 | N12 | | BT6 | | | | Musgrave Channel | 21 | R13 | | North Grn. BT11 | 24 | D20 |
| Midland Cres. BT15 | 14 | N12 | | Mount Merrion | 27 | Q21 | | Rd. BT3 | | | | North Hill St. BT15 | 20 | M13 |
| *Midland Clo.* | | | | Cres. BT6 | | | | Musgrave Pk. Ct. BT9 | 25 | G22 | | North Howard Ct. | 19 | K15 |
| Midland Ter. BT15 | 14 | N12 | | Mount Merrion Dr. | 27 | R21 | | *Stockmans La.* | | | | BT13 | | |
| *Canning St.* | | | | BT6 | | | | Musgrave St. BT1 | 20 | N15 | | *Fifth St.* | | |
| Mileriver St. BT15 | 14 | M11 | | Mount Merrion | 27 | R21 | | *Ann St.* | | | | North Howard Link | 19 | K15 |
| Milewater Rd. BT3 | 15 | P11 | | Gdns. BT6 | | | | Music Hall Ct. BT1 | 20 | N16 | | BT13 | | |
| Milewater St. BT15 | 14 | N12 | | Mount Merrion Pk. | 27 | Q22 | | *Music Hall La.* | | | | North Howard St. | 19 | K15 |
| Milford Pl. BT12 | 20 | L15 | | BT6 | | | | **Music Hall La. BT1** | **31** | **E2** | | BT13 | | |
| *Milford St.* | | | | Mount Michael Dr. | 27 | R24 | | Music Hall La. BT1 | 20 | N16 | | North Howard Wk. | 19 | K14 |
| **Milford Ri. BT12** | **30** | **A2** | | BT8 | | | | My Ladys Mile, Hol. | 11 | Z6 | | BT13 | | |
| Milford Ri. BT12 | 20 | L15 | | Mount Michael Gro. | 27 | R24 | | BT18 | | | | North King St. BT13 | 20 | L14 |
| *Milford St.* | | | | BT8 | | | | My Ladys Rd. BT6 | 21 | Q17 | | *Gardiner St.* | | |
| **Milford St. BT12** | **30** | **A2** | | Mount Michael Pk. | 27 | R24 | | Myrtlefield Pk. BT9 | 25 | H22 | | North Link BT11 | 24 | E20 |
| Milford St. BT12 | 20 | L15 | | BT8 | | | | | | | | North Par. BT7 | 27 | P20 |
| Milk St. BT5 | 21 | T16 | | Mount Oriel BT8 | 27 | Q24 | | | | | | North Queen St. | 20 | M13 |
| *Bloomfield Av.* | | | | *Saintfield Rd.* | | | | **N** | | | | BT15 | | |
| Mill Av. BT14 | 12 | E8 | | Mount Pleasant BT9 | 26 | M20 | | Nansen St. BT12 | 19 | H17 | | North Rd. BT4 | 22 | U15 |
| Mill St. W. BT13 | 19 | J13 | | Mount Prospect Pk. | 19 | K18 | | Napier St. BT12 | 20 | L18 | | North Rd. BT5 | 22 | U17 |
| Millar St. BT6 | 21 | Q18 | | BT9 | | | | *Blondin St.* | | | | North Sperrin BT5 | 23 | AA17 |
| Millbank Pk. BT14 | 13 | F9 | | Mount St. BT5 | 21 | Q16 | | Naroon Pk. BT11 | 24 | B20 | | North St. BT1 | 20 | M14 |
| *Wolfend St.* | | | | Mount St. BT6 | 21 | Q16 | | Nassau St. BT13 | 19 | K14 | | North St. Arc. BT1 | 20 | M15 |
| Millennium Way | 19 | G16 | | Mount St., New. | 9 | N4 | | *Beresford St.* | | | | *North St.* | | |
| BT12 | | | | BT36 | | | | Navan Grn. BT11 | 24 | D20 | | Northbrook Gdns. | 25 | J19 |
| **Millfield BT1** | **30** | **C1** | | Mount St. S. BT6 | 21 | Q17 | | Navarra Pl., New. | 9 | M4 | | BT9 | | |
| Millfield BT1 | 20 | M15 | | Mount Vernon Dr. | 9 | N8 | | BT36 | | | | Northbrook St. BT9 | 25 | J19 |
| Milltown Row BT12 | 19 | G18 | | BT15 | | | | Neills Hill Pk. BT5 | 22 | V17 | | Northern Rd. BT3 | 15 | P11 |
| Millview Ct. BT14 | 13 | F9 | | Mount Vernon Gdns. | 9 | M8 | | Nelson Sq. BT13 | 19 | J14 | | Northfield Ri. BT5 | 28 | W19 |
| Milner St. BT12 | 19 | J17 | | BT15 | | | | Nelson St. BT15 | 20 | N14 | | Northland St. BT13 | 19 | J14 |
| Mineral St. BT15 | 14 | N10 | | Mount Vernon Gro. | 9 | N8 | | Nendrum Gdns. BT5 | 21 | T17 | | *Northland St.* | | |
| Mizen Gdns. BT11 | 24 | B21 | | BT15 | | | | Netherleigh Pk. BT4 | 23 | Y14 | | Northland St. BT13 | 19 | J14 |
| Moffatt St. BT15 | 20 | M13 | | *Mount Vernon Pk.* | | | | Nevis Av. BT4 | 21 | T15 | | Northlands Pk. BT10 | 24 | D23 |
| Moira Ct. BT5 | 21 | Q16 | | Mount Vernon La. | 9 | N8 | | New Barnsley Cres. | 18 | D16 | | Northumberland St. | 19 | K15 |
| Moltke St. BT12 | 19 | J18 | | BT15 | | | | BT12 | | | | BT13 | | |
| Molyneaux St. BT15 | 20 | N13 | | Mount Vernon Pk. | 9 | M8 | | New Barnsley Dr. | 18 | E16 | | Northwick Dr. BT14 | 13 | H11 |
| *Henry St.* | | | | BT15 | | | | BT12 | | | | Northwood Cres. | 14 | N10 |
| Monagh Cres. BT11 | 18 | D18 | | Mount Vernon Pas. | 9 | N8 | | New Barnsley Gdns. | 18 | E15 | | BT15 | | |
| Monagh Dr. BT11 | 18 | D17 | | BT15 | | | | BT12 | | | | Northwood Dr. BT15 | 14 | N10 |
| Monagh Gro. BT11 | 18 | D18 | | Mount Vernon Rd. | 9 | N8 | | New Barnsley Grn. | 18 | E16 | | Northwood Pk. BT15 | 14 | N10 |
| Monagh Link BT11 | 18 | D18 | | BT15 | | | | BT12 | | | | Northwood Rd. BT15 | 14 | N10 |
| Monagh Par. BT11 | 18 | D17 | | Mount Vernon Wk. | 9 | N8 | | New Barnsley Gro. | 18 | E16 | | Norton Dr. BT9 | 25 | J23 |
| Monagh Rd. BT11 | 18 | D18 | | BT15 | | | | BT12 | | | | Norwood Av. BT4 | 22 | V15 |
| Monagh Rd. Bypass | 18 | D18 | | Mountainhill La. BT14 | 12 | E9 | | New Barnsley Par. | 18 | E16 | | Norwood Ct. BT4 | 22 | V14 |
| BT11 | | | | *Mountainhill Rd.* | | | | BT12 | | | | Norwood Cres. BT4 | 22 | V14 |
| Monarch Par. BT12 | 19 | J17 | | Mountainhill Rd. | 12 | E9 | | New Barnsley Pk. | 18 | E16 | | Norwood Dr. BT4 | 22 | V15 |
| Monarch St. BT12 | 19 | J17 | | BT14 | | | | BT12 | | | | Norwood Gdns. BT4 | 22 | W14 |
| Moneyrea St. BT6 | 21 | R17 | | Mountainhill Wk. | 12 | E9 | | **New Bond St. BT7** | **31** | **F4** | | Norwood Gro. BT4 | 22 | V14 |
| Montgomery Ct. BT6 | 21 | S20 | | *Mountainhill Rd.* | | | | New Bond St. BT7 | 20 | N16 | | Norwood La., Hol. | 11 | Z7 |
| Montgomery Rd. | 27 | S20 | | Mountainview Dr. | 13 | G12 | | New Fm. La. BT14 | 13 | F9 | | BT18 | | |
| BT6 | | | | BT14 | | | | *Leginn St.* | | | | Norwood Pk. BT4 | 22 | W14 |
| **Montgomery St. BT1** | **31** | **E2** | | Mountainview Gdns. | 13 | G12 | | New Forge Gra. BT9 | 26 | K23 | | **Norwood St. BT12** | **30** | **C5** |
| Montgomery St. BT1 | 20 | N15 | | BT14 | | | | New Lo. Pl. BT15 | 20 | M13 | | Norwood St. BT12 | 20 | M17 |
| Montreal St. BT13 | 19 | H13 | | Mountainview Par. | 13 | G12 | | *New Lo. Rd.* | | | | Notting Hill BT9 | 26 | K21 |
| Montrose St. BT5 | 21 | R15 | | BT14 | | | | New Lo. Rd. BT15 | 14 | M12 | | Notting Hill Ct. BT9 | 26 | L21 |
| Montrose St. S. BT5 | 21 | R16 | | Mountainview Pk. | 13 | G12 | | Newcastle Manor | 21 | R15 | | Notting Hill Manor | 26 | K21 |
| Montrose Wk. BT5 | 21 | R15 | | BT14 | | | | BT4 | | | | BT9 | | |
| *Montrose St.* | | | | Mountainview Pl. | 13 | G12 | | *Newcastle St.* | | | | Nubia St. BT12 | 19 | J18 |
| Moonstone St. BT9 | 25 | J21 | | BT14 | | | | Newcastle St. BT4 | 21 | R15 | | Nun's Wk., Hol. BT18 | 11 | AA8 |
| Moor Pk. Av. BT10 | 24 | C23 | | Mountcashel St. | 19 | H14 | | Newforge Dale BT9 | 26 | K23 | | | | |
| Moor Pk. Dr. BT10 | 24 | C23 | | BT14 | | | | Newforge La. BT9 | 26 | K23 | | **O** | | |
| Moor Pk. Gdns. BT10 | 24 | C23 | | Mountcollyer Av. | 14 | N12 | | Newington Av. BT15 | 14 | L11 | | Oak St. BT7 | 20 | M17 |
| Moor Pk. Ms. BT10 | 24 | C23 | | BT15 | | | | Newington La. BT15 | 14 | M11 | | *Elm St.* | | |
| Mooreland Cres. | 25 | F21 | | Mountcollyer Rd. | 14 | N12 | | Newport St. BT14 | 14 | K12 | | **Oak Way BT7** | **30** | **D6** |
| BT11 | | | | BT15 | | | | Newry St. BT6 | 21 | R17 | | Oak Way BT7 | 20 | M17 |
| Mooreland Dr. BT11 | 24 | E21 | | Mountcollyer St. | 14 | M11 | | Newton Gdns., | 9 | N4 | | Oakdale St. BT5 | 21 | S16 |
| Mooreland Pk. BT11 | 24 | E21 | | BT15 | | | | New. BT36 | | | | Oakdene Dr. BT4 | 21 | T14 |
| Moore's Pl. BT12 | 20 | L17 | | Mountforde Ct. BT5 | 21 | Q15 | | Newton Pk. BT4 | 27 | Q24 | | Oakdene Par. BT4 | 21 | T14 |
| *Sandy Row* | | | | *Mountforde Dr.* | | | | Newtownards Rd. | 21 | Q15 | | Oakhurst Av. BT10 | 24 | C24 |
| Moorfield St. BT5 | 21 | T16 | | Mountforde Dr. BT5 | 21 | Q15 | | BT4 | | | | Oakland Av. BT4 | 22 | U16 |
| Moorgate St. BT5 | 21 | T16 | | Mountforde Gdns. | 21 | Q15 | | Norbloom Gdns. BT5 | 21 | T17 | | Oakley Av., Hol. | 11 | Z8 |
| Mornington BT7 | 26 | N22 | | BT5 | | | | Norbury St. BT11 | 18 | F18 | | BT18 | | |
| Mornington Ms. BT7 | 26 | N22 | | *Mountforde Dr.* | | | | Norfolk Dr. BT11 | 18 | E18 | | Oakley St. BT14 | 13 | F9 |
| *Mornington* | | | | | | | | Norfolk Gdns. BT11 | 18 | E18 | | | | |

| Street | BT | Col | Ref |
|---|---|---|---|
| Oakman St. BT12 | 19 | H16 | |
| Oakmount Dr. BT15 | 14 | N9 | |
| Oakwood Ct. BT9 | 25 | J23 | |
| Oakwood Gro. BT9 | 25 | J23 | |
| Oakwood Ms. BT9 | 25 | J23 | |
| Oakwood Pk. BT9 | 25 | J23 | |
| Oban St. BT12 | 20 | L18 | |
| Oberon St. BT6 | 27 | R19 | |
| Oceanic Av. BT15 | 14 | L11 | |
| O'Dempsey St. BT15 | 14 | N10 | |
| Odessa St. BT13 | 19 | J15 | |
| Ogilvie St. BT6 | 21 | R18 | |
| Ohio St. BT13 | 19 | H13 | |
| Old Cavehill Rd. BT15 | 8 | K7 | |
| Old Channel Rd. BT3 | 20 | P14 | |
| Old Dundonald Rd. (Dundonald) BT16 | 23 | BB17 | |
| Old Golf Course Rd. (Dunmurry) BT17 | 24 | B24 | |
| Old Holywood Rd. BT4 | 22 | X13 | |
| Old Holywood Rd., Hol. BT18 | 17 | Z9 | |
| Old Lo. Rd. BT13 | 19 | K13 | |
| Old Mill Rd. BT14 | 12 | E9 | |
| Old Mill Way BT14 | 13 | F9 | |
| *Old Mill Rd.* | | | |
| Old Quay Ct., Hol. BT18 | 11 | BB25 | |
| Old Quay Rd., Hol. BT18 | 11 | BB24 | |
| Old Westland Rd. BT14 | 14 | K9 | |
| Oldpark Av. BT14 | 14 | K11 | |
| Oldpark Rd. BT14 | 13 | H9 | |
| Oldpark Sq. BT14 | 13 | J12 | |
| *Ardoyne Av.* | | | |
| Oldpark Ter. BT14 | 13 | J10 | |
| Olive St. BT13 | 19 | H13 | |
| Olympia Dr. BT12 | 25 | J19 | |
| Olympia Par. BT12 | 25 | J19 | |
| Olympia St. BT12 | 25 | J19 | |
| Omeath St. BT6 | 21 | R18 | |
| O'Neill St. BT13 | 19 | J16 | |
| O'Neills Pl., Hol. BT18 | 11 | AA6 | |
| *Church Vw.* | | | |
| Onslow Gdns. BT6 | 27 | R20 | |
| Onslow Par. BT6 | 27 | R20 | |
| Onslow Pk. BT6 | 27 | R20 | |
| Ophir Gdns. BT6 | 8 | K8 | |
| Orangefield Av. BT5 | 22 | U17 | |
| Orangefield Cres. BT6 | 27 | S19 | |
| Orangefield Dr. BT5 | 22 | U17 | |
| Orangefield Dr. S. BT5 | 22 | U17 | |
| Orangefield Gdns. BT5 | 22 | U17 | |
| Orangefield Grn. BT5 | 22 | U17 | |
| Orangefield Gro. BT5 | 22 | U17 | |
| Orangefield La. BT5 | 22 | U17 | |
| Orangefield Par. BT5 | 22 | U17 | |
| Orangefield Pk. BT5 | 22 | U18 | |
| Orangefield Rd. BT5 | 22 | U17 | |
| Oranmore Dr. BT11 | 24 | B23 | |
| Oranmore St. BT13 | 19 | J15 | |
| Orby Ct. BT5 | 21 | T18 | |
| Orby Dr. BT5 | 21 | T18 | |
| Orby Gdns. BT5 | 21 | S18 | |
| Orby Grn. BT5 | 21 | S18 | |
| Orby Gro. BT5 | 21 | T18 | |
| Orby Link BT5 | 21 | S18 | |
| Orby Ms. BT5 | 21 | T18 | |
| Orby Par. BT5 | 21 | T18 | |
| Orby Pk. BT5 | 21 | T18 | |
| Orby Pl. BT5 | 28 | T19 | |
| Orby Rd. BT5 | 21 | S18 | |
| Orby St. BT5 | 21 | S18 | |
| Orchard Clo. BT5 | 22 | Y18 | |
| Orchard St. BT15 | 14 | N12 | |
| Orchardvale BT6 | 28 | T21 | |
| Orchardville Av. BT10 | 24 | E23 | |
| Orchardville Cres. BT10 | 24 | E23 | |
| Orchardville Gdns. BT10 | 24 | E23 | |
| Oregon Gdns. BT13 | 19 | J13 | |
| Orient Gdns. BT14 | 14 | L11 | |
| Orkney St. BT13 | 19 | J14 | |
| **Ormeau Av. BT2** | **20** | **D5** | |
| Ormeau Av. BT2 | 20 | M17 | |
| Ormeau Bri. BT7 | 26 | N19 | |
| **Ormeau Embk. BT6** | **31** | **G6** | |
| Ormeau Embk. BT6 | 20 | P17 | |
| Ormeau Embk. BT7 | 27 | P19 | |
| **Ormeau Rd. BT7** | **31** | **E6** | |
| Ormeau Rd. BT7 | 20 | N17 | |
| **Ormeau St. BT7** | **31** | **E6** | |
| Ormeau St. BT7 | 20 | N17 | |
| Ormiston Cres. BT4 | 22 | W16 | |
| Ormiston Dr. BT4 | 22 | X16 | |
| Ormiston Gdns. BT5 | 22 | W16 | |
| Ormiston Par. BT4 | 22 | X16 | |
| Ormiston Pk. BT4 | 22 | X16 | |
| Ormond Pl. BT12 | 19 | K15 | |
| *Roumania Ri.* | | | |
| Ormonde Av. BT10 | 24 | E24 | |
| Ormonde Gdns. BT6 | 21 | S18 | |
| Ormonde Pk. BT10 | 24 | D24 | |
| Orpen Av. BT10 | 24 | E24 | |
| Orpen Dr. BT10 | 24 | E24 | |
| Orpen Pk. BT10 | 24 | E24 | |
| Orpen Rd. BT10 | 24 | E24 | |
| Osborne Dr. BT9 | 25 | J21 | |
| Osborne Gdns. BT9 | 25 | J22 | |
| Osborne Pk. BT9 | 25 | J21 | |
| Osborne Pl. BT9 | 25 | J21 | |
| Osman St. BT12 | 19 | K16 | |
| **Oswald Pk. BT12** | **30** | **A6** | |
| Oswald Pk. BT12 | 20 | L17 | |
| Ottawa St. BT13 | 19 | H13 | |
| Oval St. BT4 | 21 | S15 | |
| Owenvarragh Gdns. BT11 | 25 | F21 | |
| *Owenvarragh Pk.* | | | |
| Owenvarragh Pk. BT11 | 24 | E21 | |
| **Oxford St. BT1** | **31** | **F2** | |
| Oxford St. BT1 | 20 | N15 | |

## P

| Street | BT | Col | Ref |
|---|---|---|---|
| Pacific Av. BT15 | 14 | L11 | |
| **Pakenham St. BT7** | **30** | **C6** | |
| Pakenham St. BT7 | 20 | M17 | |
| Palace Gdns. BT15 | 14 | L9 | |
| Palace Gro., Hol. BT18 | 17 | Z9 | |
| Palestine St. BT7 | 26 | N19 | |
| Palmer Ct. BT13 | 13 | H12 | |
| *Palmer St.* | | | |
| Palmer St. BT13 | 19 | H13 | |
| Palmerston Rd. BT4 | 22 | U13 | |
| Palmerston Rd. BT4 | 22 | U14 | |
| Pandora St. BT12 | 19 | K18 | |
| Pansy St. BT4 | 21 | S15 | |
| Panton St. BT12 | 19 | K15 | |
| *Ross Rd.* | | | |
| Paris St. BT13 | 19 | K14 | |
| Park Av. BT4 | 21 | T14 | |
| Park Av., Hol. BT18 | 11 | AA6 | |
| Park Dr., Hol. BT18 | 11 | Z6 | |
| Park Gra. BT4 | 21 | T15 | |
| *Park Av.* | | | |
| Park La. BT9 | 26 | L19 | |
| Park Par. BT6 | 21 | Q17 | |
| Park Pl. BT6 | 21 | Q18 | |
| Park Rd. BT7 | 27 | P20 | |
| Parkend St. BT15 | 14 | M11 | |
| Parker St. BT15 | 21 | R15 | |
| Parkgate Av. BT4 | 21 | T15 | |
| Parkgate Cres. BT4 | 21 | S15 | |
| Parkgate Dr. BT4 | 21 | S15 | |
| Parkgate Gdns. BT4 | 21 | T15 | |
| Parkgate Par. BT4 | 21 | T15 | |
| Parkmore St. BT7 | 27 | P20 | |
| Parkmount Clo. BT15 | 14 | N11 | |
| Parkmount Gdns. BT15 | 9 | N6 | |
| Parkmount La. BT15 | 9 | N6 | |
| Parkmount Par. BT15 | 9 | N6 | |
| Parkmount Pas. BT15 | 9 | N6 | |
| Parkmount Pl. BT15 | 9 | N6 | |
| Parkmount Rd. BT15 | 9 | M7 | |
| Parkmount Ter. BT15 | 9 | N6 | |
| Parkmount Way BT15 | 9 | N6 | |
| Parkside Cres. BT15 | 14 | M11 | |
| Parkview Ct. BT14 | 14 | K12 | |
| *Glenview St.* | | | |
| Parkville Ct. BT15 | 14 | L9 | |
| Pasadena Gdns. BT5 | 22 | W16 | |
| Pattersons Pl. BT1 | 19 | N16 | |
| *Upper Arthur St.* | | | |
| Pattons La., Hol. BT18 | 11 | Z6 | |
| *Church Vw.* | | | |
| Paulett Av. BT5 | 21 | R16 | |
| *Albert Bri. Rd.* | | | |
| Pavilions Pk., Hol. BT18 | 11 | Y6 | |
| Paxton St. BT5 | 21 | R16 | |
| Pearl St. BT6 | 21 | R17 | |
| Pembridge Ct. BT4 | 22 | W15 | |
| Pembridge Ms. BT5 | 22 | V17 | |
| Pembroke St. BT12 | 19 | K18 | |
| Penge Gdns. BT9 | 26 | M21 | |
| Penrose St. BT7 | 20 | N18 | |
| Percy Pl. BT13 | 20 | L14 | |
| Percy St. BT13 | 19 | K15 | |
| Pernau St. BT13 | 19 | K14 | |
| Perry Ct. BT5 | 21 | Q16 | |
| Peters Hill BT13 | 19 | L14 | |
| Phennick Dr. BT10 | 25 | F24 | |
| Picardy Av. BT6 | 27 | S20 | |
| Pilot Pl. BT1 | 20 | P13 | |
| *Pilot St.* | | | |
| Pilot St. BT1 | 20 | P13 | |
| Pim St. BT15 | 20 | M13 | |
| Pims Av. BT4 | 21 | T15 | |
| Pine Crest, Hol. BT18 | 11 | AA7 | |
| Pine Gro., Hol. BT18 | 11 | Z8 | |
| *Loughview Av.* | | | |
| **Pine St. BT7** | **31** | **E6** | |
| Pine St. BT7 | 20 | N17 | |
| **Pine Way BT7** | **31** | **E6** | |
| Pine Way BT7 | 20 | N17 | |
| Piney Hills BT9 | 26 | K24 | |
| Piney La. BT9 | 26 | K24 | |
| Piney Pk. BT9 | 26 | K24 | |
| Piney Wk. BT9 | 26 | K24 | |
| Piney Way BT9 | 26 | K24 | |
| Pinkerton Wk. BT15 | 20 | M13 | |
| Pirrie Pk. Gdns. BT6 | 27 | Q19 | |
| Pirrie Rd. BT4 | 22 | W15 | |
| Pitt Pl. BT4 | 21 | T15 | |
| Pittsburg St. BT15 | 14 | N10 | |
| Plateau, The BT9 | 26 | K24 | |
| Plevna Pk. BT12 | 19 | K16 | |
| Plunket Ct. BT13 | 20 | M14 | |
| *Alton Ct.* | | | |
| Pollard Clo. BT12 | 19 | H15 | |
| Pollard St. BT12 | 19 | H15 | |
| Pollock Rd. BT3 | 15 | P12 | |
| Pommern Par. BT6 | 27 | S19 | |
| Pomona Av. BT4 | 21 | T15 | |
| Ponsonby Av. BT15 | 14 | L12 | |
| Portallo St. BT6 | 21 | R18 | |
| Porter Pk. BT10 | 24 | E24 | |
| Portland Pl. BT15 | 20 | M14 | |
| Portnamona Ct. BT11 | 24 | D19 | |
| **Posnett Ct. BT7** | **30** | **D6** | |
| Posnett Ct. BT7 | 20 | M17 | |
| **Posnett St. BT7** | **30** | **C6** | |
| Posnett St. BT7 | 20 | M17 | |
| Pottinger St. BT5 | 21 | R17 | |
| Pottingers Ct. BT1 | 20 | N15 | |
| *Ann St.* | | | |
| Pottingers Entry BT1 | 20 | N15 | |
| *High St.* | | | |
| Powerscourt Pl. BT7 | 20 | N18 | |
| Powerscourt St. BT7 | 20 | N18 | |
| Premier Dr. BT15 | 14 | M9 | |
| Premier Gro. BT15 | 14 | M10 | |
| Prestwick Dr. BT14 | 13 | H9 | |
| Prestwick Pk. BT14 | 13 | H9 | |
| Pretoria St. BT9 | 26 | M19 | |
| Primrose St. BT7 | 27 | P20 | |
| Primrose St. BT14 | 13 | F10 | |
| Prince Andrew Gdns. BT12 | 14 | K17 | |
| *Prince Andrew Pk.* | | | |
| Prince Andrew Pk. BT12 | 14 | K17 | |
| Prince Edward Dr. BT9 | 26 | M22 | |
| Prince Edward Gdns. BT9 | 26 | M22 | |
| Prince Edward Pk. BT9 | 26 | M21 | |
| Prince of Wales Av. BT4 | 23 | Z16 | |
| Prince Regent Rd. BT5 | 28 | V20 | |
| Princes Ct. BT1 | 20 | N15 | |
| *Princes St.* | | | |

| Street | BT | Col | Ref |
|---|---|---|---|
| Princes Dock St. BT1 | 20 | P13 | |
| **Princes St. BT1** | **31** | **F2** | |
| Princes St. BT1 | 20 | N15 | |
| Princes St. Ct. BT1 | 20 | N15 | |
| *Princes St.* | | | |
| Prior's Lea, Hol. BT18 | 17 | Z9 | |
| *Firmount Cres.* | | | |
| Priory End, Hol. BT18 | 11 | Z7 | |
| Priory Gdns. BT10 | 25 | F23 | |
| Priory Pk. BT10 | 25 | F23 | |
| Priory Pk., Hol. BT18 | 11 | AA5 | |
| Prospect Ter., Hol. BT18 | 11 | Y6 | |
| *Kinnegar Rd.* | | | |
| Purdys La. BT8 | 27 | Q24 | |

## Q

| Street | BT | Col | Ref |
|---|---|---|---|
| **Quadrant Pl. BT12** | **30** | **A2** | |
| Quadrant Pl. BT12 | 20 | L15 | |
| *Cullingtree Rd.* | | | |
| Quarry Rd. BT4 | 17 | X12 | |
| **Queen Elizabeth Bri. BT1** | **31** | **F1** | |
| Queen Elizabeth Bri. BT1 | 20 | N15 | |
| **Queen Elizabeth Bri. BT3** | **31** | **F1** | |
| Queen Elizabeth Bri. BT3 | 20 | P15 | |
| **Queen St. BT1** | **30** | **C3** | |
| Queen St. BT1 | 20 | M15 | |
| Queen Victoria Gdns. BT15 | 14 | M10 | |
| Queen Victoria St. BT5 | 21 | T16 | |
| **Queens Arc. BT1** | **30** | **D2** | |
| Queens Arc. BT1 | 20 | N15 | |
| *Fountain St.* | | | |
| **Queen's Bri. BT1** | **31** | **F2** | |
| Queen's Bri. BT1 | 20 | N15 | |
| **Queen's Bri. BT4** | **31** | **G1** | |
| Queen's Bri. BT4 | 20 | P15 | |
| Queens Bri. BT15 | 20 | M13 | |
| **Queens Quay BT3** | **31** | **G1** | |
| Queens Quay BT3 | 20 | P15 | |
| Queens Quay Rd. BT3 | 20 | P14 | |
| Queens Rd. BT3 | 20 | P14 | |
| **Queens Sq. BT1** | **31** | **F1** | |
| Queensberry Pk. BT6 | 27 | Q22 | |
| Queensland St. BT13 | 19 | K13 | |
| Quinton St. BT5 | 21 | S17 | |
| Quinville, Hol. BT18 | 11 | AA6 | |
| *Spencer St.* | | | |

## R

| Street | BT | Col | Ref |
|---|---|---|---|
| Raby St. BT7 | 27 | P20 | |
| Radnor St. BT6 | 21 | Q17 | |
| **Railway St. BT12** | **30** | **A4** | |
| Railway St. BT12 | 20 | L16 | |
| Rainey Way BT7 | 20 | M17 | |
| *Lindsay St.* | | | |
| Raleigh St. BT13 | 19 | K13 | |
| Ramoan Dr. BT11 | 24 | C20 | |
| Ramoan Gdns. BT11 | 24 | C20 | |
| Randal Pk. BT9 | 25 | J21 | |
| Ranelagh St. BT6 | 21 | R18 | |
| Ranfurly Dr. BT4 | 22 | U15 | |
| **Raphael St. BT7** | **31** | **E5** | |
| Raphael St. BT7 | 20 | N17 | |
| **Ratcliffe St. BT7** | **30** | **C6** | |
| Ratcliffe St. BT7 | 20 | M17 | |
| Rathbone St. BT2 | 20 | N16 | |
| *Little May St.* | | | |
| Rathcool St. BT9 | 25 | J20 | |
| Rathdrum St. BT9 | 25 | J20 | |
| Rathgar St. BT9 | 25 | J20 | |
| Rathlin St. BT13 | 19 | H13 | |
| Rathmore St. BT6 | 21 | Q18 | |
| Ravenhill Av. BT6 | 21 | Q18 | |
| Ravenhill Cres. BT6 | 21 | Q18 | |
| Ravenhill Gdns. BT6 | 27 | Q19 | |
| Ravenhill Par. BT6 | 21 | R18 | |
| Ravenhill Pk. BT6 | 27 | Q20 | |
| Ravenhill Pk. Gdns. BT6 | 27 | Q20 | |
| **Ravenhill Reach BT6** | **31** | **H5** | |
| Ravenhill Reach BT6 | 20 | P17 | |
| **Ravenhill Reach Clo. BT6** | **31** | **H5** | |

43

| | | | | | | | | | | | |
|---|---|---|---|---|---|---|---|---|---|---|---|
| Ravenhill Reach Clo. BT6 | 20 | P17 | Riversdale St. BT13 *North Boundary St.* | 20 | L14 | Ross Rd. BT12 | 19 | K15 | St. James's Pl. BT12 | 19 | H18 |
| Ravenhill Reach Ct. BT6 | 20 | P17 | Riverside Sq. BT12 *Roden Way* | 19 | K16 | Ross St. BT12 | 19 | K15 | St. James's Rd. BT12 | 19 | G18 |
| *Ravenhill Reach* | | | | | | Rosscoole Pk. BT14 | 8 | J7 | St. James's St. BT14 | 20 | L13 |
| Ravenhill Reach Ms. BT6 | 31 | H5 | Riverside Way BT12 | 19 | K17 | Rossmore Av. BT7 | 27 | P21 | St. Johns Av. BT7 | 27 | P22 |
| Ravenhill Reach Ms. BT6 | 20 | P17 | Riverview St. BT9 | 26 | M20 | Rossmore Dr. BT7 | 27 | P21 | St. Johns Ct. BT7 | 27 | P22 |
| Ravenhill Rd. BT6 | 21 | P21 | Robina Ct. BT15 | 14 | M12 | Rossmore Pk. BT7 | 27 | P21 | *St. Johns Pk.* | | |
| Ravenhill St. BT6 | 21 | Q17 | Robina St. BT15 | 14 | M11 | Rossnareen Av. BT11 | 24 | C20 | St. Johns Pk. BT7 | 27 | P22 |
| Ravenscroft Av. BT5 | 21 | T16 | Rochester Av. BT6 | 27 | S21 | Rossnareen Ct. BT11 | 24 | C20 | St. Judes Av. BT7 | 27 | P21 |
| Ravenscroft St. BT5 | 21 | T16 | Rochester Dr. BT6 | 27 | S21 | Rossnareen Pk. BT11 | 24 | C20 | St. Judes Cres. BT7 | 27 | P20 |
| Ravensdale Cres. BT5 | 21 | R17 | Rochester Rd. BT6 | 28 | T21 | Rossnareen Rd. BT11 | 24 | C20 | St. Judes Par. BT7 | 27 | P20 |
| | | | Rochester St. BT6 | 21 | Q17 | Rothsay Sq. BT14 *Ardilea St.* | 13 | J12 | St. Katharine Rd. BT12 | 19 | H18 |
| Ravensdale St. BT5 | 21 | R17 | Rock Gro. BT12 *Glenalina Cres.* | 18 | E17 | Rothsay St. BT14 *Glenpark St.* | 13 | J12 | **St. Kilda Ct. BT6** | **31** | **H5** |
| Ravensdene Cres. BT6 | 27 | Q19 | Rockdale St. BT12 | 19 | G17 | **Rotterdam Ct. BT5** | **31** | **G2** | St. Kilda Ct. BT6 | 20 | P17 |
| Ravensdene Ms. BT6 | 27 | Q19 | Rockland St. BT12 | 19 | J17 | Rotterdam Ct. BT5 | 20 | P15 | **St. Kilda St. BT6** | **31** | **H5** |
| Ravensdene Pk. BT6 | 27 | Q19 | Rockmore Rd. BT12 | 19 | G17 | **Rotterdam St. BT5** | **31** | **G2** | St. Kilda St. BT6 | 20 | P17 |
| Ravensdene Pk. Gdns. BT6 | 27 | Q20 | Rockmount St. BT12 | 19 | G17 | Rotterdam St. BT5 | 20 | P15 | St. Leonard's Cres. BT4 | 21 | R15 |
| Ravenswood Cres. BT5 | 29 | X20 | Rockview St. BT12 | 19 | J18 | Roumania Ri. BT12 | 19 | K15 | *St. Leonards St.* | | |
| Ravenswood Pk. BT5 | 28 | W20 | Rockville St. BT12 | 19 | G17 | Roundhill St. BT5 | 21 | R16 | St. Leonards St. BT4 | 21 | R15 |
| Redburn Sq., Hol. BT18 | 11 | Z6 | Rocky Rd. BT5 | 29 | Z21 | **Rowland Way BT12** | **30** | **B5** | St. Lukes Clo. BT13 | 19 | K14 |
| Redcar St. BT5 | 21 | R18 | Rocky Rd. BT6 | 27 | S22 | Rowland Way BT12 | 20 | L17 | *Carlow St.* | | |
| Redcliff Dr. BT4 | 21 | S15 | Rocky Rd. BT8 | 28 | T22 | **Royal Av. BT1** | **30** | **D1** | St. Lukes Wk. BT13 | 19 | K15 |
| Redcliffe Par. BT4 | 21 | S15 | Roddens Cres. BT5 | 28 | V20 | Royal Av. BT1 | 20 | M15 | *Carlow St.* | | |
| Redcliffe St. BT4 | 21 | S15 | Roddens Gdns. BT5 | 28 | V20 | Rugby Av. BT7 | 26 | N19 | St. Marys Ct. BT13 | 19 | K13 |
| Regent St. BT13 | 20 | L13 | Roddens Pk. BT5 | 28 | V20 | Rugby Ct. BT7 | 26 | N19 | *Silvio St.* | | |
| Reid St. BT6 | 27 | R19 | Roden Pas. BT12 | 19 | K16 | Rugby Ms. BT7 | 26 | M19 | St. Matthew's Ct. BT5 | 21 | Q15 |
| Renfrew Ho. BT12 *Rowland Way* | 20 | L17 | Roden Sq. BT12 *Roden Way* | 19 | K16 | *Rugby St.* | | | *Seaforde St.* | | |
| Renfrew Wk. BT12 *Rowland Way* | 20 | L17 | Roden St. BT12 | 19 | K17 | Rugby Rd. BT7 | 26 | M18 | St. Meryl Pk. BT11 | 24 | E19 |
| **Renwick St. BT12** | **30** | **C5** | Roden Way BT12 | 19 | K16 | Rugby St. BT7 | 26 | M19 | St. Patricks Wk. BT4 | 21 | R15 |
| Renwick St. BT12 | 20 | M17 | Rodney Dr. BT12 | 19 | H18 | Rumford St. BT13 | 19 | K14 | *Newtownards Rd.* | | |
| Riada St. BT12 | 21 | R15 | Rodney Par. BT12 | 19 | H18 | Runnymede Dr. BT12 | 25 | J19 | St. Pauls Fold BT15 | 14 | N12 |
| Ribble St. BT4 | 21 | S15 | Roe St. BT14 | 14 | L12 | Runnymede Par. BT12 | 25 | J19 | *Canning St.* | | |
| Richardson Ct. BT6 *Richardson St.* | 21 | Q17 | Roosevelt Ri. BT12 | 19 | K17 | | | | St. Pauls St. BT15 | 14 | N12 |
| Richardson St. BT6 | 21 | Q17 | Roosevelt Sq. BT12 | 19 | K17 | Rushfield Av. BT7 | 26 | N21 | St. Peters Ct. BT12 | 19 | K15 |
| Richdale Dr., Hol. BT18 | 11 | BB4 | Roosevelt St. BT12 | 19 | K17 | Rusholme St. BT13 *Snugville St.* | 19 | K13 | St. Peter's Pl. BT12 | 19 | K15 |
| Richhill Cres. BT5 | 22 | W17 | Rosapenna Ct. BT14 | 14 | K12 | Russell Pk. BT5 | 29 | AA19 | St. Peters Sq. E. BT12 | 19 | K15 |
| Richhill Pk. BT5 | 22 | W18 | *Rosapenna St.* | | | **Russell Pl. BT2** | **31** | **E4** | *Ardmoulin St.* | | |
| Richmond Av., Hol. BT18 | 17 | X10 | Rosapenna Par. BT14 | 14 | K11 | Russell Pl. BT2 | 20 | N16 | St. Peters Sq. N. BT12 | 19 | K15 |
| Richmond Clo., Hol. BT18 | 17 | X10 | Rosapenna St. BT14 | 14 | K12 | *Joy St.* | | | *Ardmoulin St.* | | |
| Richmond Ct., Hol. BT18 | 17 | X10 | Rosapenna Wk. BT14 *Rosevale St.* | 14 | K12 | **Russell St. BT2** | **31** | **E4** | St. Peters Sq. W. BT12 | 19 | K15 |
| Richmond Grn., Hol. BT18 | 17 | X11 | Rosebank Ct. BT14 *Glenview St.* | 14 | K12 | Russell St. BT2 | 20 | N16 | *Ardmoulin St.* | | |
| Richmond Hts., Hol. BT18 | 17 | X10 | Rosebank St. BT13 *Ohio St.* | 19 | J13 | Ruth St. BT15 | 14 | M12 | St. Stephens Ct. BT13 | 20 | L14 |
| Richmond Ms. BT10 | 25 | F23 | Rosebery Gdns. BT6 | 21 | R18 | Rutherford St. BT13 *Hopewell Cres.* | 20 | L14 | *Brown Sq.* | | |
| *Richmond Pk.* | | | Rosebery Rd. BT6 | 21 | Q17 | Rutherglen St. BT13 | 13 | G12 | St. Vincent St. BT15 | 14 | N10 |
| Richmond Pk. BT9 | 26 | L22 | Rosebery St. BT5 | 21 | T16 | Rutland St. BT7 | 20 | N18 | Saintfield Rd. BT8 | 27 | P22 |
| Richmond Pk. BT10 | 25 | F23 | **Roseland Pl. BT12** | **30** | **A6** | Rydalmere St. BT12 | 19 | J17 | Saleen Pk., Hol. BT18 | 11 | AA5 |
| Richmond Sq. BT15 | 14 | L10 | Roseland Pl. BT12 | 20 | L17 | | | | *Priory Pk.* | | |
| Richview St. BT12 | 19 | K17 | *Donegall Rd.* | | | | | | Salisbury Av. BT15 | 8 | L8 |
| Ridgeway St. BT9 | 26 | M20 | Roseleigh St. BT14 | 14 | K12 | **S** | | | **Salisbury Ct. BT7** | **30** | **D6** |
| Riga St. BT13 | 19 | J14 | Rosemary Pk. BT9 | 25 | J24 | Sackville Ct. BT13 | 20 | L15 | Salisbury Ct. BT7 | 20 | M17 |
| Rigby Clo. BT15 | 14 | L9 | **Rosemary St. BT1** | **30** | **D1** | Sagimore Gdns. BT5 | 21 | T16 | Salisbury Gdns. BT15 | 8 | L8 |
| Ringford Cres. BT11 | 24 | B22 | Rosemary St. BT1 | 20 | M15 | St. Agnes Dr. BT11 | 24 | D21 | **Salisbury St. BT7** | **30** | **C5** |
| Ringford St. BT11 *Ringford Cres.* | 24 | B22 | Rosemount Av. BT5 | 23 | AA16 | St. Agnes Pl. BT11 | 24 | D21 | Salisbury St. BT7 | 20 | M17 |
| Rinnalea Clo. BT11 | 24 | B21 | Rosemount Gdns. BT15 | 14 | L10 | St. Albans Gdns. BT9 | 26 | M20 | Samuel St. BT1 | 20 | M14 |
| Rinnalea Gdns. BT11 | 24 | B21 | Rosemount Pk. BT5 | 28 | V21 | St. Andrews Sq. E. BT12 | 20 | M16 | Sancroft St. BT13 | 19 | K13 |
| *Rinnalea Way* | | | Rosepark BT5 | 23 | AA16 | *Hope St.* | | | Sandbrook Gdns. BT4 | 21 | T14 |
| Rinnalea Gro. BT11 | 24 | B22 | Rosepark Cen. BT5 | 23 | AA16 | St. Andrews Sq. N. BT12 | 20 | L16 | Sandbrook Gro. BT4 | 21 | T14 |
| Rinnalea Wk. BT11 | 24 | B21 | Rosepark E. BT5 | 23 | AA16 | *Hope St.* | | | Sandbrook Pk. BT4 | 21 | T14 |
| *Rinnalea Way* | | | Rosepark Meadows BT5 *Rosepark* | 23 | AA16 | St. Andrews Sq. W. BT12 | 20 | L16 | Sandford Av. BT5 | 22 | U16 |
| Rinnalea Way BT11 | 24 | B21 | Rosepark S. BT5 | 23 | AA16 | *Hope St.* | | | Sandhill Dr. BT5 | 22 | U17 |
| Ritchie St. BT15 | 14 | N11 | Rosepark W. BT5 | 23 | AA17 | St. Aubyn St. BT15 | 14 | N10 | Sandhill Gdns. BT5 | 22 | V17 |
| River Clo. BT11 | 24 | C23 | Rosetta Av. BT7 | 27 | P21 | St. Columbans Ct. BT14 | 14 | K12 | Sandhill Grn. BT5 | 22 | V17 |
| **River Ter. BT7** | **31** | **F6** | Rosetta Dr. BT7 | 27 | P22 | *Glenview St.* | | | *Sandhill Pk.* | | |
| River Ter. BT7 | 20 | N17 | Rosetta Par. BT7 | 27 | P22 | St. Gemmas Ct. BT14 | 13 | J12 | Sandhill Par. BT5 | 22 | V17 |
| Riverdale Clo. BT11 | 24 | E21 | Rosetta Pk. BT6 | 27 | Q21 | St. Georges Gdns. BT12 | 20 | M17 | Sandhill Pk. BT5 | 22 | U17 |
| Riverdale Gdns. BT11 | 24 | D21 | Rosetta Rd. BT6 | 27 | R22 | *Albion St.* | | | Sandhurst Ct. BT9 | 26 | M19 |
| Riverdale Pk. Av. BT11 | 24 | D21 | Rosetta Rd. E. BT6 | 27 | R22 | **St. Georges Harbour BT7** | **31** | **H4** | *Colenso Par.* | | |
| Riverdale Pk. Dr. BT11 | 24 | D21 | Rosetta Way BT6 | 27 | P21 | St. Georges Harbour BT7 | 20 | P16 | Sandhurst Dr. BT9 | 26 | M20 |
| Riverdale Pk. E. BT11 | 24 | E21 | Rosevale St. BT14 | 14 | K12 | St. Gerards Manor BT12 | 18 | D16 | Sandhurst Gdns. BT9 | 26 | M20 |
| Riverdale Pk. N. BT11 | 24 | D21 | Rosewood Ct. BT14 *Rosewood St.* | 14 | K12 | St. Helens Ct., Hol. BT18 | 11 | Z6 | Sandhurst Rd. BT9 | 26 | N18 |
| Riverdale Pk. S. BT11 | 24 | D22 | Rosewood Pk. BT6 | 28 | V20 | St. Ives Gdns. BT9 | 26 | M20 | Sandown Dr. BT5 | 22 | V16 |
| Riverdale Pk. W. BT11 | 24 | D21 | Rosewood St. BT14 | 19 | K13 | St. James Av. BT13 | 18 | F14 | Sandown Pk. BT5 | 22 | W17 |
| Riverdale Pl. BT11 | 24 | E21 | Rosgoill Dr. BT11 | 24 | B21 | *Highcairn Dr.* | | | Sandown Pk. S. BT5 | 22 | V17 |
| | | | Rosgoill Gdns. BT11 | 24 | B21 | St. James's Av. BT12 | 19 | H17 | Sandown Rd. BT5 | 22 | V17 |
| | | | Rosgoill Pk. BT11 | 24 | C21 | St. James's Cres. BT12 | 19 | H18 | Sandringham Ms. BT5 | 22 | X16 |
| | | | Roslin Gdns. BT13 | 23 | AA18 | St. James's Dr. BT12 | 19 | G18 | Sandringham St. BT9 | 26 | K19 |
| | | | Roslyn St. BT6 | 21 | Q17 | St. James's Gdns. BT12 | 19 | H18 | **Sandy Row BT12** | **30** | **B5** |
| | | | Ross Cotts. BT12 | 19 | K15 | St. James's Par. BT12 | 19 | G18 | Sandy Row BT12 | 20 | L17 |
| | | | *Ross St.* | | | St. James's Pk. BT12 | 19 | H18 | Sandymount St. BT9 | 26 | M20 |
| | | | Ross Ct. BT12 | 19 | K15 | | | | Sans Souci Pk. BT9 | 26 | L20 |
| | | | Ross Ri. BT12 | 19 | K15 | | | | Santiago St. BT13 *Madras St.* | 19 | J13 |
| | | | *Ross Rd.* | | | | | | Sarajac Cres. BT14 | 8 | J8 |
| | | | | | | | | | Sark St. BT4 | 21 | R15 |
| | | | | | | | | | *Newcastle St.* | | |
| | | | | | | | | | Saul St. BT5 | 21 | Q15 |
| | | | | | | | | | *Vulcan St.* | | |
| | | | | | | | | | Saunders Ct. BT4 | 21 | R15 |
| | | | | | | | | | Saunderson Ct. BT14 *Glenpark St.* | 13 | J12 |

| Name | Col | Ref |
|---|---|---|
| Sawel Hill BT11 | 24 | D21 |
| Schomberg Av. BT4 | 22 | X14 |
| **Schomberg Dr. BT12** | **30** | **B6** |
| Schomberg Dr. BT12 | 20 | L17 |
| *Aughrim Pk.* | | |
| Schomberg Pk. BT4 | 22 | X14 |
| School Ct. BT4 | 17 | X11 |
| School Rd. BT8 | 27 | Q24 |
| Scotch Row BT4 | 21 | R15 |
| *Newtownards Rd.* | | |
| **Scott St. BT12** | **30** | **B5** |
| Scott St. BT12 | 20 | L17 |
| **Scrabo St. BT5** | **31** | **G1** |
| Scrabo St. BT5 | 20 | P15 |
| *Station St.* | | |
| Seabank Par. BT15 | 14 | N9 |
| Seabourne Par. BT15 | 14 | M9 |
| Seaforde St. BT5 | 21 | Q15 |
| *Seaforde St.* | | |
| Seaforde Gdns. BT5 | 21 | Q15 |
| *Seaforde St.* | | |
| Seaforde St. BT5 | 21 | Q15 |
| Seagrove Par. BT15 | 14 | M9 |
| Seagrove Pl. BT15 | 14 | M9 |
| *Premier Dr.* | | |
| Seaholm Par. BT15 | 14 | N9 |
| Seal Rd. BT3 | 15 | R9 |
| Sealands Par. BT15 | 14 | N9 |
| Seamount BT15 | 14 | N9 |
| Seamount Par. BT15 | 14 | N9 |
| Seapark Av., Hol. | 11 | AA5 |
| BT18 | | |
| Seapark Ct., Hol. | 11 | AA5 |
| BT18 | | |
| Seapark Dr. BT15 | 14 | N9 |
| Seapark Ms., Hol. | 11 | BB5 |
| BT18 | | |
| Seapark Rd., Hol. | 11 | AA4 |
| BT18 | | |
| Seapark Ter., Hol. | 11 | AA5 |
| BT18 | | |
| Seascape Par. BT15 | 14 | M9 |
| Seaview Clo. BT15 | 14 | N11 |
| Seaview Dr. BT15 | 14 | M9 |
| Seaview Gdns. BT15 | 14 | N9 |
| Seaview St. BT15 | 14 | N11 |
| Seaview Ter., Hol. | 14 | AA6 |
| BT18 | | |
| *Birch Dr.* | | |
| Sefton Dr. BT4 | 22 | U15 |
| Sefton Pk. BT4 | 22 | U15 |
| Selby Clo. BT12 | 19 | L16 |
| Selby Wk. BT12 | 19 | K16 |
| *Selby Ct.* | | |
| Selkirk Row BT5 | 23 | AA17 |
| *Granton Pk.* | | |
| Serpentine Gdns., | 9 | M4 |
| New. BT36 | | |
| Serpentine Par., | 9 | N4 |
| New. BT36 | | |
| Serpentine Rd., | 9 | M4 |
| New. BT36 | | |
| Servia St. BT12 | 19 | K16 |
| Sevastopol St. BT13 | 19 | J15 |
| Severn St. BT4 | 21 | S15 |
| Seymour La. BT1 | 20 | N16 |
| *Seymour St.* | | |
| **Seymour Row BT1** | **31** | **E3** |
| Seymour Row BT1 | 20 | N16 |
| **Seymour St. BT1** | **31** | **E3** |
| Seymour St. BT1 | 20 | N16 |
| Seymour St. BT2 | 20 | N16 |
| Shaftesbury Av. BT7 | 20 | N18 |
| **Shaftesbury Sq. BT2** | **20** | **C6** |
| Shaftesbury Sq. BT2 | 20 | M17 |
| Shalom Pk. BT6 | 28 | V21 |
| Shamrock Ct. BT6 | 21 | Q17 |
| *Mount St. S.* | | |
| Shamrock Pl. BT6 | 21 | Q17 |
| *Shamrock St.* | | |
| Shamrock St. BT6 | 21 | Q17 |
| Shancoole Pk. BT6 | 21 | Q17 |
| Shandarragh Pk. | 8 | K8 |
| BT15 | | |
| Shandon Ct. BT5 | 28 | W20 |
| Shandon Hts. BT5 | 29 | X20 |
| Shandon Pk. BT5 | 22 | W18 |
| Shaneen Pk. BT14 | 8 | J7 |
| Shangarry Pk. BT14 | 8 | K7 |
| Shankill Par. BT13 | 19 | L14 |
| Shankill Rd. BT13 | 19 | J14 |
| Shankill Ter. BT13 | 20 | L14 |
| *North Boundary St.* | | |

| Name | Col | Ref |
|---|---|---|
| Shanlieve Pk. BT14 | 8 | K7 |
| Shanlieve Rd. BT11 | 24 | E20 |
| Shannon Ct. BT14 | 19 | K13 |
| Shannon St. BT14 | 19 | K13 |
| Sharman Clo. BT9 | 26 | M22 |
| Sharman Dr. BT9 | 26 | M22 |
| Sharman Gdns. BT9 | 26 | M22 |
| Sharman Pk. BT9 | 26 | M22 |
| Sharman Rd. BT9 | 26 | M21 |
| Sharman Way BT9 | 26 | M22 |
| Shaw St. BT4 | 22 | U15 |
| Shaws Av. BT11 | 24 | C21 |
| Shaws Clo. BT11 | 24 | B20 |
| Shaws Ct. BT11 | 24 | C21 |
| Shaws Pk. BT11 | 24 | C21 |
| Shaws Pl. BT11 | 24 | C21 |
| Shaws Rd. BT11 | 24 | B20 |
| Shelbourne Rd. BT6 | 27 | R19 |
| Sherbrook Clo. BT13 | 20 | L14 |
| Sherbrook Ter. BT13 | 20 | L14 |
| *Denmark St.* | | |
| Sheridan Ct. BT15 | 20 | M13 |
| *Sheridan St.* | | |
| Sheridan St. BT15 | 20 | M13 |
| Sheriff St. BT5 | 21 | Q15 |
| *Vulcan St.* | | |
| Sheringhurst Pk. | 9 | N7 |
| BT15 | | |
| Sherwood St. BT6 | 21 | Q17 |
| Sheskin Way BT6 | 27 | R21 |
| Shiels St. BT12 | 19 | H17 |
| Shimna Clo. BT6 | 27 | R20 |
| Ship St. BT15 | 20 | N13 |
| Shipbuoy St. BT15 | 20 | N13 |
| Shore Cres. BT15 | 9 | N6 |
| Shore Rd. BT15 | 14 | N10 |
| Shore St., Hol. BT18 | 11 | Z5 |
| Short Strand BT5 | 21 | Q15 |
| Short St. BT1 | 20 | P13 |
| Shrewsbury Dr. BT9 | 25 | H23 |
| Shrewsbury Gdns. | 25 | H23 |
| BT9 | | |
| Shrewsbury Pk. BT9 | 25 | J23 |
| Sicily Pk. BT10 | 25 | F23 |
| Silver Birch Cts. | 15 | K14 |
| BT13 | | |
| Silverstream Av. | 13 | G9 |
| BT14 | | |
| Silverstream Cres. | 13 | G9 |
| BT14 | | |
| Silverstream Dr. | 13 | G9 |
| BT14 | | |
| Silverstream Gdns. | 13 | G9 |
| BT14 | | |
| Silverstream Par. | 13 | G9 |
| BT14 | | |
| Silverstream Rd. | 13 | G9 |
| BT14 | | |
| Silverstream Ter. | 13 | G9 |
| BT14 | | |
| Silvio St. BT13 | 19 | K13 |
| Sinclair Rd. BT3 | 15 | Q11 |
| Sinclair St. BT5 | 22 | V16 |
| Sintonville Av. BT5 | 21 | T16 |
| Siulnamona Ct. BT11 | 24 | D19 |
| *Aitnamona Cres.* | | |
| Skegoneill Av. BT15 | 14 | L9 |
| Skegoneill Dr. BT15 | 14 | M10 |
| Skegoneill St. BT15 | 14 | N10 |
| **Skipper St. BT1** | **31** | **E1** |
| Skipper St. BT1 | 20 | N15 |
| Skipton St. BT5 | 21 | S16 |
| Slemish Way BT11 | 24 | E20 |
| Slieveban Dr. BT11 | 24 | D21 |
| Slievecoole Pk. BT14 | 8 | K7 |
| Slievedarragh Pk. | 8 | J7 |
| BT14 | | |
| Slievegallion Dr. | 24 | D20 |
| BT11 | | |
| Slievemoyne Pk. | 8 | L8 |
| BT15 | | |
| Slievetoye Pk. BT14 | 8 | J7 |
| Sloan St. BT9 | 25 | J19 |
| Snugville St. BT13 | 19 | K14 |
| Solway St. BT4 | 21 | R15 |
| Somerdale Gdns. | 13 | G11 |
| BT14 | | |
| Somerdale Pk. BT14 | 13 | G12 |
| Somerset St. BT7 | 27 | P20 |
| Somerton Clo. BT15 | 8 | L8 |
| Somerton Ct. BT15 | 14 | M9 |
| Somerton Dr. BT15 | 14 | M9 |

| Name | Col | Ref |
|---|---|---|
| Somerton Gdns. | 14 | M9 |
| BT15 | | |
| Somerton Gra. BT15 | 9 | M7 |
| Somerton Ms. BT15 | 14 | M9 |
| Somerton Pk. BT15 | 9 | M8 |
| Somerton Rd. BT15 | 9 | M8 |
| Somme Dr. BT6 | 27 | S21 |
| Sorella St. BT12 | 19 | J16 |
| Soudan St. BT12 | 19 | J18 |
| South Bk. BT6 | 27 | R21 |
| South Clo., Hol. | 11 | Z8 |
| BT18 | | |
| South Grn. BT11 | 24 | D20 |
| South Link BT11 | 24 | E20 |
| South Par. BT7 | 27 | P20 |
| South Sperrin BT5 | 23 | AA17 |
| Southland Dale BT5 | 28 | W20 |
| Southport Ct. BT14 | 14 | K12 |
| *Mountview St.* | | |
| Southview Cotts. BT7 | 26 | N19 |
| *Stranmillis Embk.* | | |
| Southview St. BT7 | 26 | N19 |
| Southwell St. BT15 | 20 | M13 |
| Spamount St. BT15 | 14 | M12 |
| Spencer St., Hol. | 11 | Z6 |
| BT18 | | |
| Sperrin Dr. BT5 | 23 | AA17 |
| Sperrin Pk. BT5 | 23 | AA17 |
| Spiers Pl. BT13 | 19 | K14 |
| Spinner Sq. BT12 | 19 | J16 |
| *Leeson St.* | | |
| Spinnershill La. BT14 | 12 | E9 |
| *Old Mill Rd.* | | |
| Spires, The, Hol. | 11 | BB7 |
| BT18 | | |
| Spring Pl. BT6 | 21 | Q16 |
| *Spring St.* | | |
| Spring St. BT6 | 21 | Q17 |
| Springdale Gdns. | 19 | G15 |
| BT13 | | |
| Springfield Av. BT12 | 19 | H16 |
| Springfield Clo. BT13 | 18 | F15 |
| Springfield Ct. BT12 | 19 | H15 |
| Springfield Cres. | 19 | H15 |
| BT12 | | |
| Springfield Dr. BT12 | 19 | H16 |
| Springfield Hts. BT13 | 18 | E15 |
| Springfield Par. BT13 | 19 | G15 |
| Springfield Pk. BT13 | 18 | F15 |
| Springfield Rd. BT12 | 18 | D17 |
| Springhill Av. BT12 | 18 | F16 |
| Springhill Clo. BT12 | 18 | F16 |
| Springhill Cres. BT12 | 18 | F16 |
| Springhill Dr. BT12 | 18 | F16 |
| Springhill Gdns. BT12 | 18 | F16 |
| Springhill Hts. BT12 | 18 | F16 |
| Springhill Ri. BT12 | 18 | F16 |
| Springmadden Ct. | 18 | F16 |
| BT12 | | |
| *Springhill Cres.* | | |
| Springmartin Rd. | 18 | F15 |
| BT13 | | |
| Springvale Dr. BT14 | 13 | F9 |
| Springvale Gdns. | 13 | F10 |
| BT14 | | |
| Springvale Par. BT14 | 13 | F9 |
| Springvale Pk. BT14 | 13 | F9 |
| Springview Wk. BT13 | 19 | J16 |
| *Malcolmson St.* | | |
| Squires Hill Cres. | 13 | F9 |
| BT14 | | |
| Squires Hill Pk. BT14 | 13 | F9 |
| Squires Hill Rd. BT14 | 13 | F9 |
| **Stanfield Pl. BT7** | **31** | **F4** |
| Stanfield Pl. BT7 | 20 | N16 |
| Stanfield Row BT7 | 20 | P16 |
| *Lower Stanfield St.* | | |
| Stanhope Dr. BT15 | 20 | L13 |
| **Stanley Ct. BT12** | **30** | **A3** |
| Stanley Ct. BT12 | 20 | L16 |
| *Albert St.* | | |
| Stanley La. BT15 | 20 | N14 |
| *Little York St.* | | |
| Stanley Pl. BT15 | 20 | N14 |
| *Little York St.* | | |
| **Stanley St. BT12** | **30** | **A3** |
| Stanley St. BT12 | 20 | L16 |
| Station Ms. | 22 | V13 |
| (Sydenham) BT4 | | |
| Station Rd. BT4 | 22 | U13 |
| **Station St. BT3** | **31** | **G1** |
| Station St. BT3 | 20 | P15 |
| **Station St. Flyover** | **31** | **G1** |
| BT3 | | |

| Name | Col | Ref |
|---|---|---|
| **Station St. Flyover** | **20** | **P15** |
| BT3 | | |
| Steam Mill La. BT1 | 20 | N14 |
| Steens Back Row | 21 | T17 |
| BT5 | | |
| *Abetta Par.* | | |
| Steens Row BT5 | 21 | S17 |
| Stephen St. BT1 | 20 | N14 |
| **Stewart St. BT7** | **31** | **G5** |
| Stewart St. BT7 | 20 | P17 |
| Stewarts Pl., Hol. | 11 | AA5 |
| BT18 | | |
| *Strand Av.* | | |
| Stewartstown Av. | 24 | B21 |
| BT11 | | |
| Stewartstown Gdns. | 24 | B21 |
| BT11 | | |
| Stewartstown Pk. | 24 | B21 |
| BT11 | | |
| Stewartstown Rd. | 24 | B22 |
| BT11 | | |
| Stirling Av. BT6 | 28 | T20 |
| Stirling Gdns. BT6 | 28 | T20 |
| Stirling Rd. BT6 | 27 | S20 |
| Stockmans Av. BT11 | 25 | F21 |
| Stockmans Ct. BT11 | 25 | F21 |
| Stockmans Cres. | 25 | F21 |
| BT11 | | |
| Stockmans Dr. BT11 | 25 | F20 |
| *Stockmans Av.* | | |
| Stockmans Gdns. | 25 | F21 |
| BT11 | | |
| *Stockmans Av.* | | |
| Stockmans La. BT9 | 25 | F21 |
| Stockmans La. BT11 | 25 | F21 |
| Stockmans Pk. BT11 | 25 | F21 |
| Stockmans Way BT9 | 24 | E22 |
| Stoney Rd. BT4 | 23 | BB15 |
| Stoney Rd. | 23 | BB15 |
| (Dundonald) BT16 | | |
| Stoneycairn Ct. BT14 | 12 | E9 |
| *Mountainhill Rd.* | | |
| Stonyford St. BT5 | 21 | S16 |
| Stormont Castle BT4 | 23 | AA14 |
| Stormont Ct. BT4 | 23 | Z16 |
| Stormont Ms. BT5 | 23 | Y16 |
| Stormont Pk. BT4 | 23 | Y16 |
| Stormont Rd. BT3 | 15 | Q11 |
| Stormont Vills. BT4 | 23 | Z14 |
| Stormount Cres. BT5 | 21 | R16 |
| *Stormount St.* | | |
| Stormount La. BT5 | 21 | R16 |
| Stormount St. BT5 | 21 | R16 |
| Stornoway Row BT5 | 23 | AA17 |
| *Granton Pk.* | | |
| Stracam Cor. BT6 | 27 | R21 |
| Straight, The BT6 | 27 | R21 |
| Strand Av., Hol. | 11 | Z5 |
| BT18 | | |
| Strand Clo. BT5 | 21 | Q15 |
| *Vulcan St.* | | |
| Strand Ct. BT5 | 21 | S16 |
| *Avoniel Rd.* | | |
| Strand Ms. BT5 | 21 | Q15 |
| Strand Ms., Hol. | 11 | Z5 |
| BT18 | | |
| Strand Wk. BT5 | 21 | T14 |
| *Vulcan St.* | | |
| Strandburn Ct. BT4 | 21 | T14 |
| *Strandburn Gdns.* | | |
| Strandburn Cres. BT4 | 22 | U14 |
| Strandburn Dr. BT4 | 22 | U14 |
| Strandburn Gdns. | 21 | T14 |
| BT4 | | |
| Strandburn Par. BT4 | 22 | U14 |
| Strandburn Pk. BT4 | 22 | U14 |
| Strandburn St. BT4 | 21 | T14 |
| Strandview St. BT9 | 26 | M20 |
| Strangford Av. BT9 | 25 | H23 |
| Stranmillis Ct. BT9 | 26 | M20 |
| *Stranmillis Embk.* | | |
| Stranmillis Embk. | 26 | N19 |
| BT7 | | |
| Stranmillis Embk. | 26 | M20 |
| BT9 | | |
| Stranmillis Gdns. BT9 | 26 | M20 |
| Stranmillis Ms. BT9 | 26 | M20 |
| Stranmillis Pk. BT9 | 26 | M20 |
| Stranmillis Rd. BT9 | 26 | K22 |
| Stranmillis St. BT9 | 26 | M20 |
| Stratford Gdns. BT14 | 13 | H11 |
| **Strathearn Ct., Hol.** | 11 | Y7 |
| BT18 | | |
| Strathearn Ms. BT4 | 22 | V15 |
| Strathearn Pk. BT4 | 22 | X13 |

45

| Street | BT | Col1 | Col2 |
|---|---|---|---|
| Stratheden St. | BT15 | 14 | M2 |
| Strathmore Pk. | BT15 | 8 | L7 |
| Strathmore Pk. N. BT15 | | 8 | L7 |
| Strathmore Pk. S. BT15 | | 8 | L7 |
| Strathroy Pk. | BT14 | 13 | H11 |
| **Stroud St.** | **BT12** | **30** | **B6** |
| Stroud St. | BT12 | 20 | L17 |
| Sturgeon St. | BT12 | 20 | L17 |
| *Linfield Rd.* | | | |
| Suffolk Av. | BT11 | 24 | B22 |
| Suffolk Cres. | BT11 | 24 | C22 |
| Suffolk Dr. | BT11 | 24 | B22 |
| Suffolk Par. | BT11 | 24 | B22 |
| Sugarfield St. | BT13 | 19 | J15 |
| Sullivan Clo., Hol. BT18 | | 11 | Z6 |
| Sullivan Pl., Hol. BT18 | | 11 | Z6 |
| Sullivan St., Hol. BT18 | | 11 | AA5 |
| Sultan Sq. | BT12 | 19 | K16 |
| *Servia St.* | | | |
| Sultan Way | BT12 | 19 | K16 |
| *Osman St.* | | | |
| Summer St. | BT14 | 14 | K12 |
| Summerhill Av. | BT5 | 23 | Z17 |
| Summerhill Ct. | BT14 | 14 | K12 |
| Summerhill Dr. | BT5 | 23 | Z16 |
| *Summerhill Pk.* | | | |
| Summerhill Par. | BT5 | 23 | Z16 |
| Summerhill Pk. | BT5 | 23 | Z16 |
| Sunbury Av. | BT5 | 22 | U16 |
| Sunderland Rd. | BT6 | 27 | S20 |
| Sunningdale Dr. BT14 | | 8 | J8 |
| Sunningdale Gdns. BT14 | | 8 | H8 |
| Sunningdale Grn. BT14 | | 8 | H8 |
| Sunningdale Gro. BT14 | | 8 | J8 |
| Sunningdale Pk. | BT14 | 13 | J9 |
| Sunningdale Pk. N. BT14 | | 8 | J8 |
| Sunninghill Dr. | BT14 | 13 | J9 |
| Sunninghill Gdns. BT14 | | 8 | J8 |
| Sunninghill Pk. | BT14 | 8 | J8 |
| Sunnyside Cres. | BT7 | 26 | N20 |
| Sunnyside Dr. | BT7 | 26 | N20 |
| Sunnyside Pk. | BT7 | 26 | N21 |
| Sunnyside St. | BT7 | 26 | N20 |
| Sunwich St. | BT6 | 21 | Q18 |
| Surrey St. | BT9 | 25 | J20 |
| Susan St. | BT5 | 21 | R15 |
| **Sussex Pl.** | **BT2** | **31** | **E4** |
| Sussex Pl. | BT2 | 20 | N16 |
| Swift Pl. | BT6 | 21 | Q16 |
| *Swift St.* | | | |
| Swift St. | BT6 | 21 | Q16 |
| Sycamore Gro. | BT4 | 22 | U15 |
| Sydenham Av. | BT4 | 22 | V15 |
| Sydenham Bypass BT3 | | 21 | S14 |
| Sydenham Cres. | BT4 | 22 | U14 |
| Sydenham Dr. | BT4 | 22 | U15 |
| Sydenham Gdns. BT4 | | 22 | U14 |
| Sydenham Pk. | BT4 | 22 | U14 |
| Sydenham Rd. | BT3 | 20 | P14 |
| Sydney St. W. | BT13 | 19 | J13 |
| Sylvan St. | BT14 | 14 | K12 |
| Symons St. | BT12 | 19 | K17 |
| Syringa St. | BT15 | 14 | M2 |
| *Upper Mervue St.* | | | |

**T**

| Street | BT | Col1 | Col2 |
|---|---|---|---|
| Talbot St. | BT1 | 20 | M14 |
| Tamar Ct. | BT4 | 21 | S15 |
| *Tamar St.* | | | |
| Tamar St. | BT4 | 21 | S15 |
| Tamery Pas. | BT6 | 21 | R17 |
| *Willowfield St.* | | | |
| Tamery St. | BT6 | 21 | R17 |
| Tarawood Ms. | BT8 | 26 | N23 |
| Tardree Pk. | BT11 | 24 | E20 |
| Tasmania St. | BT13 | 19 | K13 |
| Tates Av. | BT9 | 26 | K19 |
| Tates Av. | BT12 | 19 | J18 |
| Tates Ms. | BT9 | 26 | K19 |
| Taunton Av. | BT15 | 9 | M7 |
| Tavanagh St. | BT12 | 19 | J18 |
| Taylor St. | BT12 | 20 | M17 |
| *Norwood St.* | | | |
| Tedburn Pk. | BT14 | 13 | G10 |
| **Telfair St.** | **BT1** | **31** | **E2** |
| Telfair St. | BT1 | 20 | N15 |
| Temple St. | BT5 | 21 | R16 |
| Templemore Av. | BT5 | 21 | R15 |
| Templemore Clo. BT5 | | 21 | R16 |
| *Beersbridge Rd.* | | | |
| Templemore Pl. | BT5 | 21 | S17 |
| *Beersbridge Rd.* | | | |
| Templemore St. | BT5 | 21 | R16 |
| Tennent St. | BT13 | 19 | J14 |
| Tern St. | BT4 | 21 | R15 |
| **Teutonic Gdns.** | **BT12** | **30** | **B6** |
| Teutonic Gdns. | BT12 | 20 | L17 |
| Thalia St. | BT12 | 19 | K18 |
| Thames Ct. | BT12 | 19 | H17 |
| Thames St. | BT12 | 19 | J17 |
| Theodore St. | BT12 | 19 | K16 |
| *Grosvenor Rd.* | | | |
| Thiepval Av. | BT6 | 27 | S20 |
| Third St. | BT13 | 19 | K15 |
| Thirlmere Gdns. | | 8 | K8 |
| BT15 | | | |
| Thistle Ct. | BT5 | 21 | R16 |
| Thomas St. | BT15 | 20 | M14 |
| Thompson Pl. | BT5 | 21 | Q16 |
| *Thompson St.* | | | |
| Thompson St. | BT5 | 21 | Q16 |
| Thompson Wf. Rd. | | 15 | R12 |
| BT3 | | | |
| Thorburn Pk., New. BT36 | | 9 | M4 |
| Thorburn Rd., New. BT36 | | 9 | M4 |
| Thorndale Av. | BT14 | 14 | L12 |
| Thorndyke St. | BT5 | 21 | R16 |
| Thornhill Cres. | BT5 | 23 | Y16 |
| Thornhill Dr. | BT5 | 23 | Y16 |
| Thornhill Gdns. | BT9 | 26 | K21 |
| *Marlborough Pk. S.* | | | |
| Thornhill Gro. | BT5 | 23 | Y17 |
| Thornhill Malone BT9 | | 26 | K21 |
| Thornhill Par. | BT5 | 23 | Y17 |
| Thornhill Pk. | BT5 | 23 | Y16 |
| **Tierney Gdns.** | **BT12** | **30** | **B6** |
| Tierney Gdns. | BT12 | 20 | L17 |
| Tildarg Av. | BT11 | 24 | B23 |
| Tildarg St. | BT6 | 21 | R18 |
| Tillysburn Dr. | BT4 | 16 | W12 |
| *Tillysburn Pk.* | | | |
| Tillysburn Gro. | BT4 | 16 | W12 |
| Tillysburn Pk. | BT4 | 16 | W12 |
| Timbey Pk. | BT7 | 26 | N20 |
| Titania St. | BT6 | 21 | R17 |
| Tivoli Gdns. | BT15 | 8 | K8 |
| Tobergill St. | BT13 | 19 | J14 |
| Tokio Gdns. | BT15 | 8 | L8 |
| Tollnamona Ct. | BT11 | 24 | D19 |
| Tomb St. | BT1 | 20 | N14 |
| Toronto St. | BT6 | 21 | Q17 |
| Torr Way | BT10 | 25 | F24 |
| Torrens Av. | BT14 | 13 | J11 |
| Torrens Ct. | BT14 | 14 | K11 |
| *Torrens Rd.* | | | |
| Torrens Cres. | BT14 | 13 | J11 |
| Torrens Dr. | BT14 | 13 | J11 |
| Torrens Gdns. | BT14 | 13 | J11 |
| Torrens Par. | BT14 | 13 | J11 |
| Torrens Rd. | BT14 | 14 | K11 |
| Tower Ct. | BT5 | 21 | R15 |
| *Susan St.* | | | |
| Tower St. | BT5 | 21 | R15 |
| **Townhall St.** | **BT1** | **31** | **F2** |
| Townhall St. | BT1 | 20 | N15 |
| **Townsend St.** | **BT13** | **30** | **B1** |
| Townsend St. | BT13 | 20 | L15 |
| Townsley St. | BT4 | 21 | S15 |
| *Newtownards Rd.* | | | |
| Trafalgar St. | BT15 | 20 | N13 |
| Trainfield St. | BT15 | 14 | M12 |
| Tralee St. | BT13 | 19 | J15 |
| Tramway St. | BT15 | 14 | N12 |
| *Lilliput St.* | | | |
| Trassey Clo. | BT6 | 27 | R20 |
| Trench Av. | BT11 | 24 | D22 |
| Trench Pk. | BT11 | 24 | D22 |
| Trenchard Pl. | BT11 | 24 | B23 |
| Trevor St., Hol. | BT18 | 11 | Z6 |
| Trigo Par. | BT6 | 28 | T19 |
| Trillick Ct. | BT5 | 21 | R17 |
| *Trillick St.* | | | |
| Trillick St. | BT5 | 21 | R16 |
| Trinity St. | BT13 | 20 | M14 |
| Trostan Gdns. | BT11 | 24 | E21 |
| Trostan Way | BT11 | 24 | E20 |
| Tudor Av. | BT6 | 28 | T21 |
| Tudor Dale | BT4 | 22 | V13 |
| Tudor Dr. | BT6 | 28 | T21 |
| Tudor Oaks, Hol. BT18 | | 11 | AA5 |
| Tudor Pl. | BT13 | 19 | K13 |
| Tullagh Pk. | BT11 | 24 | C20 |
| Tullyard Way | BT6 | 28 | U20 |
| Tullymore Dr. | BT11 | 24 | C20 |
| Tullymore Gdns. BT11 | | 24 | C20 |
| Tullymore Wk. | BT11 | 24 | C21 |
| Turin St. | BT12 | 19 | K16 |
| Twaddell Av. | BT13 | 19 | G13 |
| Tweskard Lo. | BT4 | 23 | Y13 |
| Tweskard Pk. | BT4 | 23 | Y14 |
| Twiselside, Hol. | BT18 | 11 | AA6 |
| Tyndale Cres. | BT14 | 8 | H8 |
| Tyndale Dr. | BT14 | 8 | H8 |
| Tyndale Gdns. | BT14 | 8 | H8 |
| Tyndale Grn. | BT14 | 8 | H8 |
| Tyndale Gro. | BT14 | 13 | G8 |
| Tyne St. | BT13 | 19 | K14 |
| Tynedale Pk. | BT14 | 13 | H9 |
| Tyrone St. | BT13 | 20 | M14 |

**U**

| Street | BT | Col1 | Col2 |
|---|---|---|---|
| **Ulster St.** | **BT1** | **31** | **E1** |
| Ulster St. | BT1 | 20 | N15 |
| Ulsterdale St. | BT5 | 21 | T16 |
| Ulsterville Av. | BT9 | 19 | K18 |
| Ulsterville Dr. | BT9 | 19 | K18 |
| Ulsterville Gdns. | BT9 | 19 | K18 |
| Ulsterville Pl. | BT9 | 20 | L18 |
| *Belgravia Av.* | | | |
| Union St. | BT1 | 20 | M14 |
| Uniondale St. | BT5 | 21 | T16 |
| Unity Wk. | BT13 | 20 | M14 |
| *Alton Ct.* | | | |
| University Av. | BT7 | 20 | M18 |
| University Rd. | BT7 | 26 | L19 |
| University Sq. | BT7 | 20 | M18 |
| University Sq. Ms. BT7 | | 20 | M18 |
| University St. | BT7 | 20 | M18 |
| University Ter. | BT7 | 26 | L19 |
| *University Rd.* | | | |
| **Upper Arthur St.** | **BT1** | **31** | **E3** |
| Upper Arthur St. | BT1 | 20 | N16 |
| Upper Braniel Rd. BT5 | | 28 | W22 |
| Upper Canning St. BT15 | | 14 | M12 |
| Upper Castle Pk. BT15 | | 8 | K7 |
| Upper Cavehill La. BT14 | | 8 | H6 |
| Upper Cavehill Rd. BT15 | | 8 | K7 |
| Upper Charleville St. BT13 | | 19 | K13 |
| Upper Ch. La. | BT1 | 20 | N15 |
| *Ann St.* | | | |
| Upper Clara Cres. BT5 | | 21 | T17 |
| *Clara Av.* | | | |
| Upper Cres. | BT7 | 20 | M18 |
| Upper Cres. La. | BT7 | 20 | M18 |
| *Mount Charles* | | | |
| Upper Frank St. | BT5 | 21 | R17 |
| Upper Galwally | BT8 | 27 | Q23 |
| Upper Glenfarne St. BT13 | | 19 | K13 |
| Upper Hightown Rd. BT14 | | 13 | G7 |
| Upper Kent St. | BT1 | 20 | M14 |
| Upper Knockbreda Rd. BT6 | | 27 | Q23 |
| Upper Knockbreda Rd. BT8 | | 27 | Q23 |
| Upper Meadow St. BT15 | | 14 | M12 |
| Upper Meenan St. BT13 | | 19 | K14 |
| Upper Mervue St. BT15 | | 14 | M12 |
| Upper Newtownards Rd. BT4 | | 21 | T16 |
| Upper Newtownards Rd. (Dundonald) BT16 | | 23 | BB16 |
| Upper Quarry Rd. BT4 | | 17 | Y12 |
| Upper Queen St. | BT1 | 20 | M16 |
| Upper Riga St. | BT13 | 19 | J14 |
| Upper Springfield Rd. BT12 | | 24 | B19 |
| Upper Springfield Rd. (Hannahstown) BT17 | | 24 | B19 |
| Upper Stanfield St. BT7 | | 20 | P16 |
| *Lower Stanfield St.* | | | |
| Upper Townsend Ter. BT13 | | 20 | L14 |
| Upperlands Wk. | BT5 | 23 | AA17 |
| *Abbey Pk.* | | | |
| Upton Av. | BT10 | 24 | D24 |
| Upton Cotts. | BT11 | 18 | E18 |
| Upton Ct. | BT11 | 18 | E18 |
| Upton Pk. | BT10 | 24 | E24 |
| **Utility St.** | **BT12** | **30** | **A6** |
| Utility St. | BT12 | 20 | L17 |
| Utility Wk. | BT12 | 19 | K17 |

**V**

| Street | BT | Col1 | Col2 |
|---|---|---|---|
| Valleyside Clo. | BT12 | 19 | H15 |
| Vancouver Dr. | BT15 | 14 | L10 |
| Vandyck Cres., New. BT36 | | 9 | M4 |
| Vandyck Dr., New. BT36 | | 9 | M4 |
| Vandyck Gdns., New. BT36 | | 9 | N4 |
| Vara Dr. | BT13 | 19 | H14 |
| Vauxhall Pk. | BT9 | 26 | M22 |
| Velsheda Ct. | BT14 | 13 | H11 |
| Velsheda Pk. | BT14 | 13 | H11 |
| Velsheda Way | BT14 | 13 | H11 |
| **Ventry La.** | **BT2** | **30** | **C5** |
| Ventry La. | BT2 | 20 | M17 |
| **Ventry St.** | **BT2** | **30** | **C5** |
| Ventry St. | BT2 | 20 | M17 |
| Vere Foster Wk. | BT12 | 18 | E15 |
| *Moyard Cres.* | | | |
| **Verner St.** | **BT7** | **31** | **F3** |
| Verner St. | BT7 | 20 | N16 |
| **Vernon Ct.** | **BT7** | **30** | **D6** |
| Vernon Ct. | BT7 | 20 | N17 |
| *Vernon St.* | | | |
| Vernon St. | BT7 | 20 | M18 |
| Veryan Gdns., New. BT36 | | 9 | N4 |
| Vicarage St. | BT5 | 21 | R16 |
| Vicinage Pk. | BT14 | 20 | L13 |
| Vicinage Pl. | BT14 | 20 | L13 |
| *Vicinage Pk.* | | | |
| Victor Pl. | BT6 | 21 | Q16 |
| Victoria Av. | BT4 | 22 | U13 |
| Victoria Ct. | BT4 | 22 | V14 |
| Victoria Dr. | BT4 | 22 | U13 |
| Victoria Gdns. | BT15 | 8 | K8 |
| Victoria Par. | BT15 | 20 | M13 |
| Victoria Rd. | BT3 | 21 | Q13 |
| Victoria Rd. | BT4 | 22 | U13 |
| Victoria Rd., Hol. BT18 | | 11 | AA5 |
| **Victoria Sq.** | **BT1** | **31** | **E2** |
| Victoria Sq. | BT1 | 20 | N15 |
| **Victoria St.** | **BT1** | **31** | **E1** |
| Victoria St. | BT1 | 20 | N15 |
| Vidor Ct. | BT4 | 22 | U14 |
| *Victoria Dr.* | | | |
| Vidor Gdns. | BT4 | 22 | U14 |
| Village Grn., The BT6 | | 27 | S19 |
| Violet St. | BT12 | 19 | J16 |
| Vionville Clo. | BT5 | 23 | BB18 |
| Vionville Ct. | BT5 | 23 | BB18 |
| *Vionville Ri.* | | | |
| Vionville Grn. | BT5 | 23 | BB18 |
| *Vionville Ri.* | | | |
| Vionville Hts. | BT5 | 23 | BB18 |
| *Vionville Ri.* | | | |
| Vionville Pk. | BT5 | 23 | BB18 |
| *Vionville Ri.* | | | |
| Vionville Pl. | BT5 | 23 | BB18 |
| Vionville Vw. | BT5 | 23 | BB18 |
| Vionville Way | BT5 | 23 | BB18 |
| *Vionville Ri.* | | | |

| Street | No | Grid | Street | No | Grid | Street | No | Grid | Street | No | Grid |
|---|---|---|---|---|---|---|---|---|---|---|---|
| Virginia St. BT7 | 20 | M17 | Wellwood Clo. BT4 | 22 | U14 | Wildflower Way BT12 | 25 | H20 | Woodcot Av. BT5 | 21 | T17 |
| *Elm St.* | | | *Wellwood Av.* | | | | | | Woodcroft Hts. BT5 | 28 | W20 |
| **Virginia Way BT7** | **30** | **D6** | **Wellwood St. BT12** | **30** | **B5** | Wilgar Clo. BT4 | 22 | U15 | Woodcroft Ri. BT5 | 28 | W20 |
| Virginia Way BT7 | 20 | M17 | Wellwood St. BT12 | 20 | L17 | *Dundela St.* | | | Woodford St. BT13 | 19 | K13 |
| Vistula St. BT13 | 19 | J13 | **Welsh St. BT7** | **31** | **F4** | Wilgar St. BT4 | 22 | U15 | *Old Lo. Rd.* | | |
| Voltaire Gdns., New. BT36 | 9 | N4 | Welsh St. BT7 | 20 | N16 | Willesden Pk. BT9 | 26 | M22 | Woodland Av. BT14 | 14 | L11 |
| Vulcan Ct. BT5 | 21 | Q15 | Wesley Ct. BT12 | 10 | M17 | William Alexander Pk. BT10 | 24 | D24 | Woodland Gra. BT11 | 24 | D23 |
| *Vulcan St.* | | | *Donegall Rd.* | | | | | | Woodlands, Hol. BT18 | 11 | BB6 |
| Vulcan Gdns. BT5 | 21 | Q15 | Wesley St. BT12 | 20 | M17 | William St. BT1 | 20 | M14 | Woodlee St. BT5 | 21 | S17 |
| *Seaforde St.* | | | *Stroud St.* | | | **William St. S. BT1** | **31** | **E2** | Woodstock Link BT6 | 21 | Q16 |
| Vulcan Link BT5 | 21 | Q15 | West Bk. Clo. BT3 | 15 | S8 | William St. S. BT1 | 20 | N15 | Woodstock Pl. BT6 | 21 | Q16 |
| *Vulcan St.* | | | West Bk. Dr. BT3 | 15 | S8 | *Arthur Sq.* | | | Woodstock Rd. BT6 | 21 | Q16 |
| Vulcan St. BT5 | 21 | Q15 | West Bk. Rd. BT3 | 15 | S8 | Willowbank Cres. BT6 | 27 | S22 | Woodvale Av. BT13 | 19 | H14 |
| | | | West Bk. Way BT3 | 15 | S8 | Willowbank Dr. BT6 | 27 | R22 | Woodvale Dr. BT13 | 13 | H12 |
| | | | West Circular Cres. BT13 | 19 | G14 | Willowbank Gdns. BT15 | 14 | L10 | Woodvale Gdns. BT13 | 13 | H12 |
| **W** | | | West Circular Rd. BT13 | 19 | G15 | Willowbank Pk. BT6 | 27 | R22 | Woodvale Par. BT13 | 19 | H13 |
| Walbeck St. BT15 | 20 | M13 | West Grn., Hol. BT18 | 11 | Z7 | Willowfield Av. BT6 | 21 | R17 | Woodvale Pas. BT13 | 19 | H14 |
| *Dawson St.* | | | West Link, Hol. BT18 | 11 | Z7 | *Willowfield Par.* | | | Woodvale St. BT13 | 13 | H12 |
| Walkers La. BT1 | 20 | M14 | **West St. BT1** | **30** | **C1** | Willowfield Cres. BT6 | 21 | R17 | Woodvale St. BT13 | 19 | H13 |
| *Frederick St.* | | | West St. BT1 | 20 | M15 | Willowfield Dr. BT6 | 21 | R17 | Woodview Dr. BT15 | 29 | Y19 |
| Wall St. BT13 | 20 | M14 | Westbank Rd. BT3 | 10 | V7 | Willowfield Gdns. BT6 | 21 | R17 | Woodview Pl. BT5 | 29 | Y19 |
| Wallasey Pk. BT14 | 13 | H9 | Westbourne St. BT5 | 21 | S15 | *Willowfield St.* | | | Woodview Ter. BT5 | 29 | Y19 |
| Walmer St. BT7 | 26 | N20 | *Beechfield St.* | | | Willowfield Par. BT6 | 21 | R17 | *Woodview Dr.* | | |
| **Walnut Ct. BT7** | **31** | **E6** | Westcott St. BT5 | 21 | T16 | Willowfield St. BT6 | 21 | R17 | Workman Av. BT6 | 21 | R17 |
| Walnut Ct. BT7 | 20 | N17 | *Bloomfield Av.* | | | Willowfield Wk. BT6 | 21 | R17 | Workman Rd. BT3 | 15 | S11 |
| *Walnut St.* | | | Westhill Way BT12 | 18 | E17 | *Willowfield St.* | | | Wye St. BT4 | 21 | S15 |
| **Walnut Ms. BT7** | **31** | **E6** | *Glenalina Cres.* | | | Willowholme Cres. BT6 | 21 | R18 | *Dee St.* | | |
| Walnut Ms. BT7 | 20 | N17 | Westland Dr. BT14 | 14 | K10 | *Willowholme Par.* | | | Wynard Pk. BT5 | 22 | X18 |
| **Walnut St. BT7** | **31** | **E6** | Westland Gdns. BT14 | 14 | K10 | Willowholme Dr. BT6 | 21 | R18 | Wynchurch Av. BT6 | 27 | R22 |
| Walnut St. BT7 | 20 | N17 | Westland Rd. BT14 | 13 | J10 | Willowholme Par. BT6 | 21 | R18 | Wynchurch Clo. BT6 | 27 | R22 |
| Wandsworth Ct. BT4 | 22 | W16 | Westland Way BT14 | 14 | K10 | | | | *Wynchurch Rd.* | | |
| Wandsworth Cres. BT4 | 22 | W16 | Westlink BT13 | 20 | L14 | Willowholme St. BT6 | 21 | R18 | Wynchurch Gdns. BT6 | 27 | R22 |
| Wandsworth Dr. BT4 | 22 | W15 | Westminster Av. BT4 | 21 | T15 | Willows, The BT6 | 25 | S22 | *Wynchurch Rd.* | | |
| Wandsworth Gdns. BT4 | 22 | W15 | Westminster Av. N. BT4 | 21 | T15 | Willowvale Av. BT11 | 24 | C22 | Wynchurch Pk. BT6 | 27 | R21 |
| Wandsworth Par. BT4 | 22 | W16 | *Westminster Av.* | | | Willowvale Gdns. BT11 | 24 | C22 | Wynchurch Pl. BT6 | 27 | R21 |
| Wandsworth Pl. BT4 | 22 | W15 | Westminster St. BT7 | 20 | N18 | *Willowvale Gdns.* | | | Wynchurch Ter. BT6 | 27 | Q22 |
| *Campbell Pk. Av.* | | | Weston Dr. BT9 | 25 | G22 | Willowvale Ms. BT11 | 24 | C22 | Wynchurch Wk. BT6 | 27 | R22 |
| Wandsworth Rd. BT4 | 22 | W15 | Westrock Ct. BT12 | 18 | F16 | Wilshere St. BT4 | 22 | W13 | Wyndham Dr. BT14 | 14 | K11 |
| Wansbeck St. BT9 | 26 | M21 | Westrock Cres. BT12 | 19 | G16 | Wilson St. BT13 | 20 | M15 | Wyndham St. BT14 | 14 | K11 |
| Ward St. BT12 | 19 | K15 | Westrock Dr. BT12 | 18 | F16 | Wilsons Ct. BT1 | 20 | N15 | Wynfield Ct. BT5 | 22 | U16 |
| **Waring St. BT1** | **31** | **E1** | Westrock Gdns. BT12 | 18 | F16 | *Ann St.* | | | Wynford St. BT5 | 21 | T16 |
| Waring St. BT1 | 20 | N15 | Westrock Grn. BT12 | 18 | F17 | Wilton Ct. BT13 | 19 | J14 | *Moorgate St.* | | |
| Warren Gro. BT5 | 29 | X20 | Westrock Grn. BT12 | 19 | G16 | Wilton Gdns. BT13 | 19 | J14 | |
| Waterford Gdns. BT13 | 19 | J15 | *Westrock Gdns.* | | | Wilton St. BT13 | 19 | J15 | **Y** | | |
| Waterford St. BT13 | 19 | J16 | Westrock Par. BT12 | 18 | F17 | Windermere Gdns. BT15 | 8 | K8 | Yarrow St. BT14 | 19 | K13 |
| Waterford Way BT13 | 19 | J16 | Westrock Pk. BT12 | 18 | F16 | Windsor Av. BT9 | 26 | K19 | Yew St. BT13 | 19 | H13 |
| *Waterford St.* | | | *Westrock Gdns.* | | | Windsor Av., Hol. BT18 | 11 | AA6 | York Cres. BT15 | 14 | N9 |
| Waterloo Gdns. BT15 | 9 | M6 | Westrock Pl. BT12 | 19 | G17 | | | | York Dr. BT15 | 14 | N9 |
| Waterloo Pk. BT15 | 8 | L6 | Westrock Sq. BT12 | 19 | G16 | Windsor Av. N. BT9 | 26 | L20 | York La. BT1 | 20 | M14 |
| Waterloo Pk. N. BT15 | 8 | L6 | Westrock Way BT12 | 19 | G16 | Windsor Clo. BT9 | 26 | K20 | York Link BT15 | 14 | J13 |
| Waterloo Pk. S. BT15 | 8 | L6 | Westview Pas. BT12 | 18 | E17 | Windsor Ct. BT9 | 26 | K20 | York Par. BT15 | 14 | N9 |
| Watermouth Cres. BT12 | 19 | G15 | *Glenalina Cres.* | | | *Windsor Pk.* | | | York Pk. BT15 | 14 | N9 |
| Waterville St. BT13 | 19 | J15 | Westway Cres. BT13 | 18 | E13 | Windsor Dr. BT9 | 25 | J19 | York Rd. BT15 | 14 | N10 |
| Watkins Rd. BT3 | 15 | P12 | Westway Dr. BT13 | 18 | F13 | Windsor Ms. BT9 | 26 | K20 | York St. BT15 | 20 | M14 |
| **Watson St. BT12** | **30** | **A5** | Westway Gdns. BT13 | 12 | E12 | Windsor Pk. BT9 | 26 | K20 | Yukon St. BT4 | 21 | S15 |
| Watson St. BT12 | 20 | L17 | Westway Gro. BT13 | 18 | F13 | Windsor Rd. BT9 | 26 | J19 | | | |
| Watt St. BT6 | 21 | Q18 | Westway Par. BT13 | 18 | F13 | **Windsor St. BT12** | **30** | **C5** | | | |
| Wauchope Ct. BT12 | 19 | K17 | Westway Pk. BT13 | 18 | F13 | Windsor St. BT12 | 20 | M17 | | | |
| *Connaught St.* | | | Wheatfield Cres. BT14 | 13 | G11 | Winecellar Entry BT1 | 20 | M15 | | | |
| Waveney Av. BT15 | 9 | N7 | Wheatfield Dr. BT14 | 13 | G10 | *Rosemary St.* | | | | | |
| Waveney Dr. BT15 | 9 | N7 | Wheatfield Gdns. BT14 | 13 | G11 | **Winetavern St. BT1** | **30** | **C1** | | | |
| Waveney Gro. BT15 | 9 | N7 | Whincroft Rd. BT5 | 28 | W19 | Winetavern St. BT1 | 20 | M15 | | | |
| Waveney Hts. BT15 | 9 | N7 | Whincroft Way BT5 | 28 | W20 | Wingrove Gdns. BT5 | 21 | T17 | | | |
| Waveney Pk. BT15 | 9 | N7 | Whitecliff Cres. BT12 | 18 | F17 | Winston Gdns. BT5 | 22 | W16 | | | |
| Wayland St. BT5 | 21 | S17 | Whitecliff Dr. BT12 | 18 | F17 | Witham St. BT4 | 21 | S15 | | | |
| Wayside Clo. BT5 | 28 | W20 | *Whiterock Rd.* | | | Wolfend Dr. BT14 | 13 | F9 | | | |
| **Weavers Ct. BT12** | **30** | **A5** | Whitecliff Par. BT12 | 18 | F17 | Wolfend Way BT14 | 13 | F8 | | | |
| Weavers Ct. BT12 | 20 | L17 | Whitehall Gdns. BT7 | 27 | P21 | *Hazelbrook Dr.* | | | | | |
| Weavershill La. BT14 | 13 | F9 | Whitehall Ms. BT7 | 27 | P21 | Wolff Clo. BT4 | 22 | Q15 | | | |
| Weavershill Wk. BT14 | 13 | F9 | Whitehall Par. BT7 | 27 | P21 | Wolff Rd. BT3 | 15 | S11 | | | |
| *Mountainhill Rd.* | | | Whiterock Clo. BT12 | 18 | E17 | Wolfhill Av. BT14 | 12 | E9 | | | |
| Well Pl. BT6 | 21 | Q16 | *Whiterock Rd.* | | | *Ligoniel Pl.* | | | | | |
| *Spring St.* | | | Whiterock Cres. BT12 | 18 | F17 | Wolfhill Dr. BT14 | 12 | D9 | | | |
| Welland St. BT4 | 21 | S15 | Whiterock Dr. BT12 | 18 | F17 | Wolfhill Gdns. BT14 | 12 | D9 | | | |
| Wellesley Av. BT9 | 26 | L19 | Whiterock Gdns. BT12 | 18 | F17 | Wolfhill Gro. BT14 | 12 | D8 | | | |
| Wellington Ct. BT1 | 20 | M16 | Whiterock Par. BT12 | 18 | F17 | Wolfhill Rd. BT13 | 12 | D10 | | | |
| *Wellington St.* | | | Whiterock Rd. BT12 | 18 | D15 | Wolfhill St. BT14 | 12 | C8 | | | |
| Wellington Pk. BT9 | 26 | L19 | Whitewell Cres., New. BT36 | 9 | N4 | Wolfhill Vw. BT14 | 12 | E8 | | | |
| Wellington Pk. Av. BT9 | 26 | L19 | | | | *Mill Av.* | | | | | |
| Wellington Pk. Ter. BT9 | 26 | L19 | Whitewell Dr., New. BT36 | 9 | N4 | Wolseley St. BT7 | 20 | M18 | | | |
| **Wellington Pl. BT1** | **30** | **C2** | Whitewell Par., New. BT36 | 9 | N4 | Wood End, Hol. BT18 | 11 | Z8 | | | |
| Wellington Pl. BT1 | 20 | M16 | | | | Woodbine Ct. BT11 | 24 | B22 | | | |
| **Wellington St. BT1** | **30** | **C3** | Whitla St. BT15 | 15 | P12 | Woodbourne Cres. BT11 | 24 | B22 | | | |
| Wellington St. BT1 | 20 | M16 | Wigton St. BT13 | 20 | L14 | Woodburn Dr. BT15 | 8 | K8 | | | |
| Wellwood Av. BT4 | 21 | T14 | *Percy Pl.* | | | Woodburn St. BT13 | 19 | K14 | | | |
| | | | | | | *Downing St.* | | | | | |

# INDEX TO PLACE NAMES

| | | | | | | |
|---|---|---|---|---|---|---|
| Andersonstown | 25 | F19 | Knock | 22 | W17 |
| Ardoyne | 13 | H11 | Knocknagoney | 17 | Y11 |
| Ballyhackamore | 22 | W17 | Ladybrook | 24 | D21 |
| Ballymacarrett | 21 | S16 | Legoniel | 12 | E9 |
| Ballymurphy | 18 | F16 | Malone | 26 | L22 |
| Ballynafeigh | 27 | P21 | Newtownbreda | 27 | P4 |
| Ballysillan | 13 | G7 | Oldpark | 13 | J10 |
| Belmont | 22 | X16 | Ormeau | 21 | Q18 |
| Bloomfield | 22 | U16 | Piney Lodge | 26 | K23 |
| Braniel | 28 | W19 | Queens Island | 21 | Q13 |
| Breda Park | 27 | Q24 | Rosetta | 27 | Q22 |
| Castlereagh | 28 | T20 | Shandon Park | 29 | X19 |
| Castlereagh (village) | 28 | U22 | Shankill | 19 | J13 |
| Cherry Vale | 27 | Q21 | Skegoneill | 15 | P10 |
| Chichester Park | 14 | L9 | Springmartin | 19 | G14 |
| Cliftonville | 14 | L12 | Strandtown | 22 | U15 |
| Cregagh | 28 | T22 | Sydenham | 22 | V13 |
| Dundonald | 23 | BB16 | Taughmonagh | 25 | G24 |
| East Twin Island | 15 | S11 | Tudor Park | 11 | AA5 |
| Falls | 19 | H15 | Tullycarnet | 23 | Z17 |
| Finaghy | 25 | F23 | Turf Lodge | 18 | E18 |
| Fortwilliam | 14 | M9 | West Twin Island | 15 | R10 |
| Gilnahirk | 29 | Z19 | Whiterock | 18 | D15 |
| Glen, The | 24 | E19 | Windsor | 25 | H19 |
| Glencairn | 13 | F11 | Woodvale | 19 | H13 |
| Greencastle | 9 | N4 | Yorkgate | 20 | N13 |
| Holywood | 11 | Y5 | | | |